北大版留学生本科汉语教材·写作教程系列

留学生毕业论文写作教程

Thesis Writing Course for International Students

周小兵　总主编
李　英　邓淑兰　编著

北京大学出版社
PEKING UNIVERSITY PRESS

图书在版编目（CIP）数据

留学生毕业论文写作教程 / 李英，邓淑兰编著 . —北京：北京大学出版社，2012.12
（北大版留学生本科汉语教材·写作教程系列）
ISBN 978-7-301-18623-7

Ⅰ．留… Ⅱ．①李… ②邓… Ⅲ．汉语-毕业论文-写作-对外汉语教学-教材 Ⅳ．H195.4

中国版本图书馆 CIP 数据核字（2011）第 035818 号

书　　　　名：	留学生毕业论文写作教程
著作责任者：	李　英　邓淑兰　编著
责　任　编　辑：	任　蕾
标　准　书　号：	ISBN 978-7-301-18623-7/H·2776
出　版　发　行：	北京大学出版社
地　　　　址：	北京市海淀区成府路 205 号　100871
网　　　　址：	http://www.pup.cn　新浪官方微博：@北京大学出版社
电　子　信　箱：	zpup@pup.pku.edu.cn
电　　　　话：	邮购部 62752015　发行部 62750672　编辑部 62754144　出版部 62754962
印　　刷　　者：	三河市博文印刷有限公司
经　　销　　者：	新华书店
	787 毫米 ×1092 毫米　16 开本　15.25 印张　400 千字
	2012 年 12 月第 1 版　2024 年 7 月第 4 次印刷
定　　　　价：	49.00 元

未经许可，不得以任何方式复制或抄袭本书之部分或全部内容。
版权所有，侵权必究
举报电话：010-62752024　电子信箱：fd@pup.pku.edu.cn

使用说明

本教材的使用对象主要为在中国全日制大学本科四年级学习的汉语言专业及其相近专业的外国留学生。本教材也可供大专院校语言文学类专业、对外汉语专业的本科生参考。

一、编写目的

从文体而言，毕业论文属于议论文，具有议论文所共有的一般特征，即文章由论点、论据、论证构成。但跟一般的议论文相比，毕业论文有着自身的特点和特殊要求。毕业论文是高等院校毕业生提交的一份有一定专业学术价值的文章，是学生在教师指导下综合运用所学知识比较系统地分析解决本专业学科内某一基本问题的综合答卷。作为学术论文中的一种，毕业论文在题目的选择、论文结构以及写作格式等方面都有严格的规范和要求。要想写好一篇毕业论文，既要系统地掌握和运用专业知识，还要有较宽的知识面，并有一定的逻辑思维能力和写作基本功，同时具有综合运用所学知识独立分析问题和解决问题的能力。

汉语言专业的学生经过大学几年的学习和训练，虽然已了解和掌握本专业的基础理论、专门知识和基本技能，但由于缺乏毕业论文写作的专业指导，不了解其中的步骤、方法等，因而对独立写作毕业论文感到压力大、难度大。

因此，针对外国留学生这一特定群体，就毕业论文的撰写进行系统的课堂讲授和日常训练，具有重要的意义。通过这门课程的学习，学习者不仅能了解和掌握毕业论文写作的特点和要求，还能进一步消化、巩固并加深所学的专业知识；同时通过阅读和写作训练，还可以学会调查研究的基本方法，进一步提高书面表达能力以及分析和解决问题的能力。

二、编写原则

1. 综合性

毕业论文写作课既要教授论文写作的基本知识，进一步训练和提高学生的写作基本功，又要教授与毕业论文写作相关的专业知识，对学生进行综合性的专业训练。

2. 实践性

知识的学习和能力的训练需要学生的积极参与，本教材设置了大量的练习和讨论环节，力图在教师的引导下，通过学生的预习、思考、讨论和实践，让学生一步一步了解和掌握教学内容。

3. 实用性

教材从学生的需要和教学适用的广泛性出发，在课文中提供了大量完整的范文。这些范文都是精心挑选的，既有中国研究者所写的简明易懂的指导性论文，也有留学生自己写作的毕业论文，跟学生的学习、生活、工作密切相关；同时也兼顾到各专业方向在选题范围和写作侧重点上的差异，力争让各专业方向的学习者能从中找到自己熟悉的、感兴趣的文章。通过范文的学习，学习者不仅能了解和掌握毕业论文写作的特点和要求，还能消化并加深所学的专业知识。

教材中的练习也尽可能提供大量的论文片段，在反反复复的阅读和训练中，让学习者熟悉毕业论文的特点，逐渐掌握毕业论文的写作要求。

4. 层次性和循环性

本教材将写作知识的教学和对学生知识能力的训练分成难度不同的环节，安排在不同阶段进行教学。先"粗"后"细"，先让学生对毕业论文写作有一个粗略的认识和了解，然后通过各种写作训练帮助学生领会和掌握毕业论文写作的各个步骤和写作要求，并适时加以总结，从而体现学习和训练的层次性和循环性。

三、教材体例

本教材共 16 课，并附有三篇汉语言专业毕业论文。每课包括五个部分：学习目标、阅读与讨论、写作知识、范例/范文、练习。

学习目标：明确每课的学习内容。

阅读与讨论：提供与本课写作知识相关的练习，供教师在课堂上引导学生进行思考和讨论，为下一环节（写作知识的总结概括）打下基础。

写作知识：针对本课的训练重点，简要介绍有关毕业论文的写作知识。

范例/范文：每课根据教学内容提供跟写作知识相关的、难度适中、实用性强的一到两篇范文或多个例子，供课堂讨论、练习或学生课后阅读。

练习：包括课堂和课后的写作训练项目，每一课都设有预习题，引导学生思考下一课的写作知识，为进一步的学习打下基础。

四、使用建议

1. 每课一般用两个学时，教师可根据教学内容和学生情况适当调整。

2. 课堂上以"阅读与讨论"部分引入，教师应尽可能提供明确的指引，以激发学生阅读和讨论的兴趣，引导学生思考并发现有关毕业论文的写作知识，在此基础上，教师总结相关知识。接下来，教师还可以指导学生阅读一篇"范例／范文"，以进一步巩固所学的知识。最后组织学生进行练习。课文中的练习也可以跟写作知识的讲授结合在一起，通过课堂练习，教师引导学生了解和掌握相关知识。

3. 课文中所提供的练习，教师可灵活安排学生在课堂上或课后完成。一般情况下，每课的练习题一，教师应在课堂上指导学生完成或根据练习的特点从中挑选一到两题完成，以帮助学生及时消化所学知识，实现课程的学习目标。每课的预习题跟下一次课的新知识密切联系，教师应布置学生课后完成，以顺利开展新课的教学。其他练习，有的可根据学生的实际水平和教学需要进行选用；有的如写作论文的摘要、根据论点和论据进行论证等练习，既考查学生对毕业论文写作知识的掌握程度，又训练学生的书面表达能力和分析能力，教师要布置学生课后完成并上交，教师评改之后，还要根据学生写作中存在的典型问题进行讲评。

4. 本教材分别在第七课和第十三课设计了两篇读书报告的写作，其中第七课的教学内容就是"读书报告"。在这里，"读书"就是"读论文"。通过"读书报告"的教学，学生能在认真阅读论文的基础上分析论文的结构特点，总结论文的研究内容和研究成果，并学会分析论文的成功和不足之处，说出自己的看法或收获。这是一项针对学生表达能力、分析能力、概括能力的综合性训练，目的是为今后进行正式的毕业论文写作打下基础。

由于难度较大，在写作第一篇读书报告之前，教师应要求学生根据自己的兴趣课后阅读一篇论文，并写出这篇论文的结构框架和主要内容，教师进行评改；讲授第七课时，教师可以引导学生说说自己对所阅读论文的评价以及阅读后的收获；最后，布置学生在课后完成读书报告的写作。教师评改、课堂讲评后，还可以要求学生修改读书报告并上交。

第二篇读书报告，可以要求学生先自己阅读教师指定的调查类论文，然后教师在课堂上引导学生对这一论文进行粗略的阅读，学生在课后再进行细致的阅读和思考，最后在课堂上用两课时完成读书报告的写作。

  本教材在编写过程中,周小兵教授给予了具体指导。中山大学国际汉语学院的陈淑梅老师对本教材的编写提供了部分材料并提出了宝贵意见,徐霄鹰等老师也提出了许多建设性意见,在此表示诚挚的感谢。

  值此成书之际,我们要特别感谢北京大学出版社对本教材的编写和出版所给予的大力支持,尤其是吕幼筠女士和任蕾女士提出了不少宝贵的意见和建议,为教材的顺利编写和出版起到了非常重要的作用。

  这部教材的编者虽然教授毕业论文写作课多年,教材初稿也在教学中多次使用和修改,但由于水平所限,本书对不少问题的认识和论证比较粗糙,有些地方可能还会出现疏漏和错误,敬请各位同行不吝赐教。

目 录

第 一 课	毕业论文的性质与特点	1
第 二 课	毕业论文的撰写内容与基本结构	21
第 三 课	毕业论文的选题	40
第 四 课	文献资料的收集与利用	50
第 五 课	毕业论文的结构提纲	59
第 六 课	毕业论文的过渡与照应	73
第 七 课	读书报告	87
第 八 课	毕业论文的引言	95
第 九 课	毕业论文的结尾	106
第 十 课	毕业论文的摘要	116
第十一课	毕业论文的论证方法	126
第十二课	数据与分析(一)	139
第十三课	数据与分析(二)	150
第十四课	毕业论文的格式	168
第十五课	毕业论文的开题报告	179
第十六课	毕业论文答辩	187

附 汉语言专业毕业论文 196

 范文一 韩国"好丽友"公司在华品牌策略探析

 范文二 中国广州和越南河内餐馆命名探析

 范文三 汉韩比喻修辞对比研究

参考文献 234

第一课　毕业论文的性质与特点

一　学习目标

（一）初步接触和认识专业学术论文。
（二）了解毕业论文的性质、特点及写作意义。

二　阅读与讨论

快速阅读下面的文章，讨论文章在选题、内容、结构、语言等方面有什么特点。

小提示：阅读时请注意序号和文章的小标题

"常常"和"通常"

1. 引言

"常常"和"通常"都可以放在谓词性词语前边对后面的成分进行修饰限制。如：

（1）a. 他常常6点半起床。
　　　b. 他通常6点半起床。

由于这两个词在意思上、功能上有相似之处，有的留学生就以为它们是同义等值词，结果造出下面的病句：

（2）a. *他常常都会迟到5分钟。
　　　b. *他通常迟到。

把a句的"常常"换成"通常"，把b句的"通常"换成"常常"，这两句话就通顺了。

在《现代汉语词典》中,"常常"的释义是:(事情的发生)不止一次,而且时间相隔不久。"通常"的释义是:一般;平常。但对它们用法上的区别没有较为明确的说明。本文主要考察这两个词在语法分布上的区别,顺便说说它们在意思上的差异。

2. 在谓词前面

2.1 跟单独谓词的结合

"常常"可以跟单独的谓词结合,"通常"一般不行。请比较:

(3) a. 王军常常锻炼。

　　b. *王军通常锻炼。

(4) a. 她常常学习。

　　b. *她通常学习。

2.2 跟动宾组合的搭配

"常常"可以跟动宾离合词或动宾词组结合,"通常"一般不行。如:

(5) a. 小李常常洗澡。

　　b. *小李通常洗澡。

(6) a. 王大夫常常喝水。

　　b. *王大夫通常喝水。

但是,当宾语前边有修饰语或表示区别的成分时,有时也可以用"通常"。请比较:

(7) a. 小李常常洗冷水澡。

　　b. 小李通常洗冷水澡。

(8) a. 王大夫常常喝白开水。

　　b. 王大夫通常喝白开水,有客人来的时候才喝一点茶。

值得注意的是,a 句只是一般性地叙述事实,b 句却含有某种对比。如(7b)可能蕴含在某种特殊情况下(如病了,或气温很低时),小李也洗热水澡。这种对比有时也会用分句或者词组的形式表达出来,如例(8b)。

有时候宾语不带区别性修饰成分,动词前边也可以用"通常"。请比较:

(9) a. 我跟弟弟吵架，妈妈常常会批评我。
　　b. 我跟弟弟吵架，妈妈通常会批评我。
(10) a. 这个酒吧常常点蜡烛。
　　 b. 这个酒吧通常点蜡烛。

(9) b 强调"我"和"弟弟"的对比；(10) b 强调"蜡烛"和"灯"的对比，尽管"灯"在句中未出现。可见，在上述情况下用"通常"必须有一个条件，就是在语境中要有一个跟宾语所指对立的事物，不管表示这个事物的词语是否在句中出现。

2.3 跟方式、地点词的共现

当主要谓词前边有表示方式、地点等意思的词语时，"常常"和"通常"都可以用。如：

(11) a. 老黄常常坐药厂的车回家。
　　 b. 老黄通常坐药厂的车回家。
(12) a. 余老师常常用毛笔写信。
　　 b. 余老师通常用毛笔写信。
(13) a. 他常常在学校单身宿舍睡午觉。
　　 b. 他通常在学校单身宿舍睡午觉。

例 (11) 用动宾词组表示方式，(12) 用介词结构表示方式，(13) 用介词结构表示地点。值得注意的是，"通常"的语义重点在表达方式或地点的词语上面；如果删去这些成分，句式不能成立。如：

*老黄通常回家。

"常常"可能是重点修饰表示方式地点的词语（此时这些词语一定重读），也可能是一般性地修饰后面的全部成分。因此，去掉表示方式地点的词语，句子也能成立。如：

老黄常常回家。

3. 在时间词前后

3.1 跟时点词语的共现

"常常""通常"都能放在时点时间词前边。如：

(14) a. 他常常9点钟吃早饭。
　　　b. 他通常9点钟吃早饭。

(15) a. 化肥厂常常15号发工资。
　　　b. 化肥厂通常15号发工资。

a句表示发生频率比较高，b句表示在一般情况下如此。

在时点词后边出现时，这两个词的分布不一样。请比较：

(16) a. 他星期天常常去公园散步。
　　　b. 他星期天通常去公园散步。

(17) a. 老赵去年常常坐公共汽车上班。
　　　b. *老赵去年通常坐公共汽车上班。

例(16)讲一般情况，"常常"和"通常"都可以用。例(17)讲的是过去的情况，一般不用"通常"。

3.2 跟时段词语的搭配

"常常"和"通常"都可以放在时段时间词前边。请比较：

(18) a. 他胃不好，常常一天吃四顿。
　　　b. 他胃不好，通常一天吃四顿。

(19) a. 患疟疾常常两天发一次烧。
　　　b. 患疟疾通常两天发一次烧。

上述两组句式在意思上有区别。例(18)着重表示在时段词所指时间里动作行为发生的次数。例(19)侧重表示每隔时间词所指时段，行为动作就发生一次。

当时间词所表示的客观时段比较长的时候，"常常"的使用要受到限制。请对比：

(20) a. *他常常一年写两篇论文。
　　　b. 他通常一年写两篇论文。

(21) a. *张进山常常三年回一次老家。
　　　b. 张进山通常三年回一次老家。

例(20)跟(18)相对应，时间词表示行为动作发生的时段。例(21)跟(19)相对应，时间词表示行为动作发生间隔的时段。由于"常常"表示行为动作发生不止一次而且间隔时间短,这就跟句中表示长时段的词语发生了冲突,因此句子不能成立;"通常"表示行为动作有规律地发生,跟时段长短没有关系,因此可以用在上述句子中。

"常常"和"通常"还有一个区别,当时间词表示行为动作发生的时段时,"通常"可以移到时间后边,"常常"不行。请对比:

(18) a'. *他胃不好,一天常常吃四顿。

　　　b'. 他胃不好,一天通常吃四顿。

但时间词表示行为发生的间隔时,"常常""通常"都不能移位。如:

(19) a'. *患疟疾两天常常发一次烧。

　　　b'. *患疟疾两天通常发一次烧。

4. 结语

从本文的分析可以看到,《现代汉语词典》对"常常"的释义是相当准确、详细的。但对"通常"的解释过于简单,是采取以词来解释词的方法。我们似乎可以将"通常"解释为:表示行为、事情在一般情况下有规律、有条件地发生。正因为如此,"通常"很少能修饰单个谓词,或简单的谓词词组,往往要修饰带表示时间、地点、方式、条件等修饰成分的谓词。

从分布和语义重点来看,"常常"在使用中所受限制比较少,"通常"在使用中所受限制比较多。"通常"的语义重点一般在表示时间、地点、方式、条件、次数等跟谓词有关的修饰词语或连带词语上,或在表示区别性的宾语修饰语上。"常常"则不一定。

参考文献:

[1] 中国社会科学院语言研究所词典编辑室. 现代汉语词典 [M]. 北京:商务印书馆,1978.

[2] 吕叔湘. 现代汉语八百词 [M]. 北京:商务印书馆,1984.

[3] 陆俭明. 现代汉语时间词说略 [A]. 第三届国际汉语教学讨论会论文选 [C]. 北京:北京语言学院出版社,1991.

(选自《语言教学与研究》1994年第4期,作者:周小兵,略有改动)

三 写作知识

（一）毕业论文的性质与特点

毕业论文是高等院校毕业生提交的一份有一定专业学术价值的文章，是在教师指导下，综合运用所学知识，比较系统地分析解决本专业学科内某一基本问题的综合答卷。一般来说，学士学位论文、硕士学位论文和博士学位论文分别指的是本科毕业生、硕士毕业生及博士毕业生的毕业论文。

本科毕业论文是大学生完成本科阶段学业的最后一个环节，是对大学期间学习成果的综合性总结和检阅，是大学生从事科学研究的最初尝试，也是对学生分析问题能力和解决问题能力的全面训练和考核。因此，过于简单、随意的题目不宜作为本科毕业论文的选题。

每位大学生必须参加毕业论文选题、设计、资料查询、撰写等各个环节，认真撰写毕业论文，成绩合格者取得相应的学分。这是从大学毕业并获得学士学位的必要条件。

从文体而言，毕业论文属于议论文中学术论文的一种，具有议论文所共有的一般特征，即构成要素是论点、论据、论证三部分。毕业论文强调在事实的基础上，展示严谨的逻辑推理过程，得出令人信服的结论。语言要求简洁明确，运用书面语。

本科毕业论文虽属学术论文中的一种，但和一般的学术论文相比，又有自己的特点：

1 在教师指导下完成。

毕业论文是在教师指导下独立完成的研究成果。毕业论文作为大学生在毕业前的最后一次作业，离不开教师的帮助和指导。在学生写作毕业论文的过程中，教师要启发引导学生独立地探讨或解决问题，注意发挥学生的主动创造精神。具体来说，指导教师要帮助学生确定论文题目，推荐参考文献，了解并指导学生搜集相关资料，审定论文提纲，解答疑难问题，指导学生写作并修改论文初稿，审订正式稿，指导、规范论文写作格式，等等。学生为了写好毕业论文，必须主动地发挥自己的聪明才智，刻苦钻研，独立完成毕业论文的写作任务，不能有任何依赖心理。

2 学术论文的尝试性练习。

根据教学计划的规定，在大学阶段的前期，学生要集中精力学好本专业的基础知识，掌握基本技能；在大学的最后一个学期，学生要集中精力写好毕业论文。学好专业知识和写好毕业论文是统一的，专业基础知识的学习为写作毕业论文打下扎实的基础；毕业论文的写作是对所学专业基础知识的运用和深化。大学生撰写毕业论文就是运用所学的专业基础知识，分析和解决一个不太复杂的学术问题，是一项把知识转化为能力的综合训练。写作毕业论文的主要目的就是培养学生综合运用所学知识解决实际问题的能力，它实际上是一次学术论文的写作练习和尝试。

3 学术要求不高。

本科毕业论文与其他学术论文相比要求比较低。专业人员的学术论文是指专业人员进行科学研究时为表述科研成果而撰写的论文，一般反映某专业领域的最新学术成果，具有较高的学术价值，对科学事业的发展起一定的推动作用。大学生的毕业论文由于受各种条件的限制，对文章质量的要求相对低一些。这是因为：第一，大学生缺乏论文写作经验，多数大学生是第一次撰写论文，对撰写论文的知识和技巧了解不多。第二，多数大学生的科研能力还处在培养阶段，大学期间主要是学习专业基础理论知识，缺乏运用知识独立进行科学研究的训练。第三，撰写毕业论文受时间限制，一般学校都把毕业论文安排在最后一个学期，而实际上停课写作毕业论文的时间仅为十周左右，在如此短的时间内写出高质量的学术论文是比较困难的。当然，也有少数大学生通过自己平时的积累和充分的准备也能写出质量较高的学术论文。

汉语言专业属于文科。这一专业培养的是了解中国国情，能够熟练运用汉语进行交流，熟练进行跨文化交际，满足现代社会政治、商务、文化交流需要的应用型人才。目前很多高校开设的汉语言专业设有商务汉语（经贸汉语、商贸汉语）、汉语教育、汉语文化、汉外翻译等不同的专业方向，这些专业方向的毕业论文在具体的研究对象、方法、表现方式等方面会有所不同，但都应该符合汉语言专业的特点，研究领域都应该跟所学专业知识紧密联系，都要用准确流利的汉语将研究成果表达出来。

（二）大学生撰写毕业论文的意义

1 撰写毕业论文可以使学生的知识能力得到一次全面的综合练习和考核。

按照教学计划的规定，大学生在学习期间需要完成公共课、专业课以及选修课等各门课程的学习并通过这些课程的考试或考查。学习期间的这种考核是单科进行的，主要是考查学生对某门课程所学知识的记忆程度和理解程度。

毕业论文的写作不是单一地对学生的某门课程知识进行考核，而是着重考查学生综合运用所学知识对某一问题进行探讨和研究的能力。写好一篇毕业论文，既要系统地掌握和运用专业知识，还要有较宽的知识面，并有一定的逻辑思维能力和写作基本功。这就要求学生既要具备良好的专业知识，又要有较为深厚的基础课和公共课知识。

2 撰写毕业论文可以培养学生综合运用所学知识独立地分析问题和解决问题的能力。

大学生毕业后，不论从事何种工作，都必须具有一定的研究和写作能力。如在政府机关和企事业单位从事管理工作，就要学会调查研究，学会撰写工作计划、总结、报告等，这就需要学会收集和整理材料，能提出问题、分析问题、解决问题，并能将这些结果以文字的形式表达出来。至于将来从事教学和科研工作的学生，他们的一项重要任务就是进行科学研究，并将研究成果以报告或论文的形式呈现出来。

撰写毕业论文的过程是训练学生独立进行研究的过程。通过撰写毕业论文，学生可以了解研究过程，掌握如何查阅资料和检索信息，如何整理和利用材料，如何观察提炼论点，如何调查并做样本分析，等等。它给学生提供了一次系统的、全面的实践机会。

3 撰写毕业论文的过程同时也是专业知识的学习和深化过程。

首先，撰写论文是结合论文选题，把学过的专业知识运用于实际，在写作过程中进一步消化巩固所学的专业知识，并把所学的专业知识转化为分析和解决问题的能力。其次，学生在搜集材料、调查研究的过程中，还可以学到许多课堂和书本里学不到的新知识，对所学专业的某一专题又会有更为深入的了解。

4 撰写毕业论文可以提高学生的汉语写作水平。

要完成一篇符合学术规范的毕业论文，必然会涉及如何表达的问题。在写作中，学生需要运用所学的汉语词汇、语法知识、写作方法与技巧，清楚准确地表达出自己的研究成果。如果基础知识不扎实，写出的文章就会词不达意、语不成句、层次混乱、逻辑不清。所以说，撰写毕业论文既是对学生驾驭汉语语言能力的一次考核，也是一次提高语言运用能力的训练。

 四 范文

范文一

商品品牌译名分析

1. 引言

改革开放以来，中国大陆出现了许多带有外文品牌或外文名称的商品。这些商品可以分为两大类。第一类是国外进口的商品，第二类是大陆或台湾香港生产的商品，为了出口，需要外文品牌和外文名称。后一类又可以分为两小类。第一小类是先在国内、区内销售，已有中文品牌和名称，后来为了出口的需要，把中文翻译成外文。第二小类是先定好外文品牌和名称，然后翻译成中文。

> 写作这样的论文，需要哪方面的知识？

本文所要讨论的译名，指第一大类，即国外进口商品的译名，以及第二大类里的第二小类，即先有外文品牌和名称，然后据此翻译出中文名。译名一般分为两种。一种是品牌名，即商标的语言和文字显示；一种是商品名，即某类商品的具体名称。如，Total Fortified Milk Drink（多多营养助长奶品）是商品名，而Hernz（亨氏）是品牌名。一般说来，多种商品名往往具有同一品牌名，即具有同一商标的商品可能有许多种。如甜麦圈是商品名，它的品牌名也是亨氏。一般说来，品牌名需要比较认真地进行全文翻译，而商品名只是头一两个词的翻译比较讲究，如 Total 翻译成"多多"，后边的词大多按意思照翻。

本文主要讨论近十多年来在大陆出现的商品和品牌译名，包括译名采用的主要方式，译名的一些特点，以及译名的发展趋势。

2. 商品品牌译名的方式

译名主要有4种方式。

2.1 义译法

义译法是一种比较传统的译名法，主要用于品牌译名。大致可分为3类。

2.1.1 直译法

按照外文名的意思逐词翻译。如：Gold Queen——金皇后（苗条浴精）；Blue Bird——蓝鸟（轿车）；Eagle Coin——鹰金钱（饮料）；Angel——小天使（电脑彩色冲印设备）；Crown——皇冠（轿车）；Duke——公爵（轿车）。

2.1.2 语素添加法

在直译的基础上添加某些语素。如：Spring——甘泉（天然矿泉水），在"泉"前边加上"甘"，读起来顺口（单音节变双音节），意思上也更有诱惑力；Sur——浪牌（口香糖），"牌"主要是为了凑足音节。

2.1.3 缩略法

直译之后再将汉语词进行缩略。如：Palm Olive——棕榄（洗发水），先直译为"棕榈橄榄"，再缩略为"棕榄"。主要考虑音节上的和谐。

义译法一般都用普通话，但也有个别商品用方言词进行翻译。如 Luck Strike——美国好彩（香烟），"好彩"是广州话，义为"幸运、好运"。为了说明是舶来品，特意加上"美国"。

义译法在新出现的商品译名中数量不多。原因大概有两个：第一，跟外文名没有声音上的联系，不容易让人联想到原来的商品或品牌名；第二，缺少洋味。

> 这些序号及标题对你阅读论文有什么帮助？

2.2 音译法

音译法分为 3 类。

2.2.1 纯粹音译法

完全或基本上按照外文名的音节发音，找出汉语中发音相似的词或语素，组成一个新词。从词和语素的构成和组合来看，新词没有什么固有的汉语义，只是整个地代表某种商品，一看就知道是外语音译词。如：Johnson——庄臣（化妆品）；Sony——索尼（电器）；Pierre Cardin——皮尔·卡丹（服装）；Deis Lomais——达狮奴玛（服装）；Panasonic——松下（电器）；Sabona——沙保娜（除风湿手镯）；Olympus——奥林巴斯（摄像器材）。

2.2.2 寓意音译法

大致按外文名的发音，挑选汉语中发音大致相似或有点相似的词或语素组成新词。这些词或语素组合在一起有一定的含意，看上去像地道的中文名，而不像外文译名。如：Passo——百胜（服装）。

寓意音译法有全音译和半音译两种类型。

全音译。译名的发音和原名发音大致相同，尤其是音节数量比较相似。如：Peugeot——标致（轿车）；Phonic——丰力（专业音响系列）；Vantage——华帝（燃具）；Sunkist——新奇士（水果和饮料）；Gampo——金宝（眼镜架）。上述译名本身意思挺好，但跟商品的品质特征没有多少必然的联系。

还有一些用寓意全音译方法翻出来的译名，意思上跟原商品的品质特点有一些关联。如 Safe Guard 是一种健康香皂的名称，使用起来对皮肤有一定的好处。译名是"舒肤佳"，既考虑到发音相似，又表现出商品的优点。Sanlon 激光组合音响，译名是"圣朗"，"圣"表明它在激光组合音响中地位高，"朗"则反映出音响的音质特色。Mazda 是一种高级轿车，译名是"马自达"，寓意不言自明。Pantene 是一种高级洗发水，译名是"潘婷"，容易让人联想起一个亭亭玉立的女子。

半音译。译名的发音跟外文名的发音部分相似。如：Avon——雅芳（化妆品系列）；Embry Form——安莉芳（女性内衣裤）；Colgate——高露洁（牙膏）；Micro·Power——迈普（电器）；Ador——雅黛（护肤液）；Nideka——能达佳（考勤打卡系列）；Dynasty——丹丽（洁具）。

跟全音译词相比，半音译词由于受发音的限制比较少，意思上更为通畅，更能反映出商品的某些品质特征，对顾客更有吸引力。如雅芳、雅黛、安莉芳，有芬芳优雅的含义；高露洁、丹丽很能反映商品的清洁卫生功能；能达佳跟考勤关系密切。由于这一原因，在新出现的译名中，兼顾意思的半音译名的出现比率越来越大。

2.2.3 "纯粹音译+寓意音译"法

有些译名介于纯粹音译名和寓意音译名之间。其特点是，译名本身意思不通畅，不明确，但其中的某些词、语素及相应的汉字能引起人们的某些联想。看上去像一个外语音译词，但词或语素的组合中又有一定的含意，有点像汉语名。如：Max Factor 是一种护肤品，译名是"蜜丝佛陀"，让人联想到具有美容功能的蜂蜜和长生不老的佛。Fashion Line 是一种眼镜镜架，译名是"菲诗莱"，能让人联想到美丽芳香，如诗如画。Ray Star 是一种卷发工具，译名是"丽斯达"，也含有俏丽之义。

2.3 音义结合法

音义结合法指译名含有原外文名的意思，同时发音跟原名相似。这种方法跟寓意音译法不同。后者的寓意跟原名意思无关，尽管有时它跟商品的某些品质特征有联系。音义结合法可分为两类。

2.3.1 音译义译融合法

在音译的同时，注意选用跟原名意思相近的汉语词或语素。如 Chief 是一种男士服装的品牌，意思是首领、领导者。译名是"卓夫"，有"卓越男士"之意，跟原名意思有一定的关联。Total 有"全部、总括"之义，译为"多多"，跟原意也相去不远，此外，多多营养助长奶品是儿童食品，用叠音词对儿童更有诱惑力。

2.3.2 音译义译加合法

译名同原名一样，均由两个或两个以上的词或语素构成，但译名的某些词或语素表示原名某个词或语素的意思，另一些词或语素则表示原名另一些词或语素的发音。简单地说，就是一半音译，一半义译。如 Gold Lion 是一种领带的名牌，意思是"金狮"，原来也义译为"金狮"。后来发现"狮"与"尸"同音，不吉利，改译为"金利来"。其中"金"是义译，"利来"是寓意半音译。

2.4 仿译法

仿译名不直接表示原名的意思，更不直接表现原名的声音。一般说来，它根据原名的意思和产品的某些特征或功效，在汉语中另选一个有间接关系的词，或用汉语语素和构词法构造出一个新词。如 Rejoice 是一种兼有洗发护发功能的溶液，原名意思是"使高兴、使欢乐"。为了直接指明跟头发的关系，仿译名为"飘柔"，着重显示该商品的功效，对顾客很有吸引力。

3. 商品品牌译名的趋势与特点

3.1 译名的发展趋势

第一，从比例上看，音译名大量出现，而义译名相对减少。原因是，音译名，尤其是纯粹音译名或介于纯粹音译和寓意音译之间的音译名，有洋味，看名称知道可能是进口产品（尽管有些是国产出口商品），符合顾客的购物心理。此外，介于纯音译和寓意音译之间的译名近两三年有上升趋势。因为看起来像外文名，但又能看出一点汉语的味道，能引起人们某些美好的联想。

第二，寓意音译名大量出现。这大概跟汉民族固有的文化心理有关。如一种瑞士表原名 Delma，如果纯音译则为"德马"，看不出有什么意思。现用寓意半音译，译名是"得利"，挺吉利的，能吸引顾客。

上述两种趋势似乎是背道而驰的，但它们确是为了迎合两种不同的购物心理。看上去既像外文名，又有一些汉语本身寓意的名称，较受顾客的欢迎。如梦特娇（Montagut）服装、蜜丝佛陀（Max Factor）美容系列、耐克（Nike）运动鞋等，在中国市场很畅销，跟译名不无关系。

3.2 译名的几个特点

首先，追求新奇，以求能吸引顾客。如一些多音节译音，从听觉、视觉上都比较吸引人：皮尔卡丹、达狮奴玛、珍博凯伦。

其次，靠名牌名人产生联想效应。如"金利来"品牌走红之后，"银利来、利来"也相继出现，让顾客觉得这些商品跟走红的名牌是一个系列或一个公司的。英国王妃戴安娜是世界知名的美人儿，将 Triumph 译为"戴安芬"既有女人味儿，又让人联想到戴安娜。

第三，音译词选用有含义的词和语素。除了跟商品的某些特点有关之外，使用较多的词或语素有：表示吉利的，如美国好彩、金利来、得利；表示美丽优雅的，如丹丽、丽斯达、风雅、雅黛；表示地位高的，如华帝、奥帝斯都、花王、王妃。

本文只是对商品品牌译名进行粗略的分析。如何把语言研究推向社会，如何结合社会学、心理学、营销学等对商用语言进行研究，还有许多工作要做。希望有更多的专家学者来开垦这块肥沃的土地。

（选自《语文建设》1994年第2期，作者：周小兵，略有改动）

> 最后一段的内容跟前面有什么关系？

范文二

汉英植物文化的社会差异

在人类漫长的历史发展过程中，植物与人的关系十分密切。一方面，植物对人类的生活具有极其重要的使用价值，另一方面，人们往往由植物的形态、习性等特点而产生种种联想，并借植物来表达思想观点、寄托感情和理想，这样，植物就又具有了不容忽视的文化色彩和美学价值。概括而言，人们对于各种植物的看法态度以及各种植物所具有的比喻意义和象征意义，是该民族植物文化的基本内容。植物文化体现了民族文化中有关道德情操、民族精神、生活态度、美学理想等多方面的内容，反映了该民族的社会文化背景和心理文化特点。

由于文化背景和自然条件的不同，各民族的植物文化不尽相同。了解不同民族的植物文化，有利于了解不同民族的社会文化和心理文化，有利于跨文化交际。本文将汉英植物文化进行比较，探讨各自的特点及两者之间的差异。

> 这一部分的主要内容是什么？你能概括一下吗？

一 牡丹、梅花、松树——玫瑰、百合、栎树

汉英民族所重视的花木不同，这是汉英植物文化的区别之一。

众所周知，牡丹、梅花、荷花、菊花、兰花、桂花、松树、柏树、竹、柳等是中国的传统名花名树，从古到今一直深受汉民族的喜爱和重视。在汉语中，这些花木的比喻意义和象征意义最为丰富，有关这些花木的神话传说以及成语俗语也最多，可以说，这些花木的文化色彩最浓，最能反映民族文化背景，是汉民族植物文化中的核心和代表。

> 你能很快地分析出文章的结构层次吗？你用了什么方法？

然而，英语民族对汉民族所重视的花木却没有什么特殊的感觉，他们所重视的是 rose（玫瑰）、lily（百合）、tulip（郁金香）、violet（紫罗兰）、oak（栎树）、palm（棕榈）、olive（橄榄）、laurel（桂树）等。在英语中，这些花木具有特定的比喻意义和象征意义，文化色彩最浓。如：玫瑰（rose）象征爱情、幸福和美好，a bed of roses 比喻愉快舒适的生活，not all roses 指不完美，gather life's roses 指寻欢作乐，rose-coloured（玫瑰色的）象征乐观、愉快的，rosebud（玫瑰花苞）比喻漂亮姑娘，rose water（玫瑰香水）比喻奉承话或温和的做法；百合花（lily）比喻纯洁的人或洁白的东西，as white as a lily 是说如百合一样纯洁，lilies and roses 是说像百合和玫瑰一样美丽；栎树（oak）象征勇敢坚强，a heart of oak 比喻刚强勇敢果断的人，oak may bend but will not break（栎树会弯不会断）是比喻人像栎树一样坚韧顽强；棕榈（palm）象征胜利，carry off the palm 的意思是得胜、获奖，in sb.'s palm days 即在某人的全胜时期，yield the palm to sb. 是向某人认输；橄榄枝（olive branch）是和平的象征，hold out the olive branch（举起橄榄枝）是表示愿意讲和；桂树（laurel）象征着胜利、成功或荣誉，win one's laurels 是比喻获得荣誉，look to one's laurels 是小心地保持已经得到的荣誉，rest on one's laurels 是比喻满足于已有成就。

另外，英语民族以玫瑰、百合、郁金香、紫罗兰为女子之名，而汉民族则以牡丹、荷花、菊花、桂花为女子之名，这种取名上的差异也从一个角度反映了花木在汉英民族中所具有的不同地位。

汉英民族所重视的花木不同，这是其自然环境、气候条件以及历史文化差异的反映。古老的中华大地与源远流长的华夏文明孕育出了以牡丹、梅花、松树为代表的植物文化，而英语民族以玫瑰、百合、栎树为代表的植物文化则是古希腊、古罗马文化以及西方宗教文化影响的结果。在希腊神话中，玫瑰是女神阿佛洛狄忒（即罗马神话中的维纳斯）从海水中诞生时，由她身上的泡沫变成的。于是，在古希腊、古罗马乃至整个欧洲，玫瑰就成了爱与美的象征。桂树象征胜利和荣誉也源于古希腊，而橄榄枝的象征意义则出自《圣经·旧约》中诺亚方舟的故事。总之，英语中不少植物的象征意义都与古希腊罗马文化、西方宗教文化有关。

二　以花木喻人——以花木代言

以花木喻人和以花木代言，是汉英植物文化最重要的区别。

汉民族注重以花木喻人，即用花木的自然属性（形态、习性等）来比喻人的社会属性（品德、精神等）。人们常说的"岁寒三友"（松、竹、梅）和"四君子"（梅、兰、竹、菊）就是典型的例子。在汉民族看来，梅花顶风冒雪，开在百花之先；菊花傲霜拒寒，开在百花凋零之后；松柏经冬不凋，四季长青，均象征着人的高尚纯洁品质和不畏强暴、不屈不挠的斗争精神。兰花生于深山空谷之中，色泽朴素清秀，气韵高雅恬淡，用来比喻清高雅洁、不入俗流的君子最为合适。荷花"出污泥而不染，濯清涟而不妖，中通外直，不蔓不枝"，和廉洁正直、超尘脱俗的人一样。竹姿态清雅秀丽、竿直有节中空，如同清高淡泊、虚心正直的人……似乎每一种花木都具有人的风骨和品德，就连最不起眼的小草也被用来比喻平凡然而生命力顽强的小人物。

总之，在汉民族这里，花木已被人格化，成为中国文化中的人格象征，花品、树品就是人品。古往今来，人们无数次地咏叹松、竹、梅、兰、荷、菊等，实际上是以花喻人或自喻，借咏花木以咏人。

英语民族有送花的习俗，他们习惯和注重的是以花代言，即用一种花木代表一个特定的意义，用花木来表示自己所要表达的意思。据有人考察（顾雪梁，1994），英语中各种花木都有特定的意义，几种花木组合又有特定意义，已形成了系统的花语。如：单瓣石竹（sigle pink）表示纯洁的爱，勿忘草（forget-me-not）表示真正的爱，荷花（lotus）表示疏远了的爱，黑色杨树（black poplar）表示勇气胆量，白杨树（white poplar）表示机遇、时机，雪松（cedar）表示忠诚守信，仙人掌（cactus）表示热心，紫藤（wisteria）表示欢迎，雏菊（daisy）表示天真单纯，黄色水仙（daffodil）表示敬意和问候，红菊花（red chrysanthemum）、橡树叶（oak-leave）、野丁香（fieldlilac）和睡莲（water-lily）组合表示"我爱诚实谦逊、勇敢和纯洁的心灵"等等。

英语民族常常借互赠花木来传情达意。比如，如果朋友发生摩擦，一方送去榛（hazel）表示"希望和解"，另一方回送红色天竺葵，表示"得到安慰"，这样，两人之间的隔阂就烟消云散了；如果爱上了某人，可以送她一朵红玫瑰来表明爱情，要是对方回赠一枝报春花（Chinese primrose）就是明确表示接受了你的爱情，要是回赠的是条纹康乃馨（striped carnation），则暗示拒绝你的爱，因为报春花表示"永远相爱"，条纹康乃馨表示"拒绝"；如果友人遇到困难挫折，送一束菟丝子（mistletoe）和冬青（holly）告诉他：只要多动脑筋，你一定能克服困难，因为菟丝子表示"多思"，冬青表示"克服困难"……

以上举例虽然有限，但英语民族丰富多彩之花语已可见一斑。需要说明的是，英语中虽也不乏以花木喻人之例，但远不及汉语那么丰富；而汉语中尽管也有以花木代言的现象，特别是近年来随着送花风气的兴起，以花代言的花语有所发展，但并不广泛，也不系统，不能与英语相比。因此，可以肯定地说，以花喻人是汉民族植物文化的主流和代表，而以花木代言则是英语民族植物文化的主流和代表。

三　花木与性别——花木与神

分别把花木与性别相联系，把花木与神相联系，这是汉英植物文化的又一差别。这亦是各自的文化背景所决定的。

在汉语中，花木与人的性别有着密切关系。具体来说，花与女性相联系，而树则与男性相联系。

人们认为女性与花有许多相似之处，因此常常用花来比喻女性。

首先，人们用花来比喻女性的容貌体态，漂亮女子常被比作国色天香的牡丹、亭亭玉立的荷花、淡雅的梨花、艳丽的桃花等等，用"杏脸桃腮"、"人面桃花"、"芙蓉如面柳如眉"、"梨花一枝春带雨"来形容和描写；女子打扮得漂亮就是"花枝招展"，善于交际的女子被称为"交际花"，学校中最漂亮的姑娘被称为"校花"，等等。

其次，人们用花来比喻女子的性格命运，花的明艳动人是短暂的，这与女性青春易逝、红颜易老的特点相似；花儿娇嫩，难以经受风霜雨雪的摧残，这又与女性柔弱、不堪遭受命运的打击有相通之处，故而人们往往借叹花以叹女子，而女性亦常常借花自叹自怜。李清照的"帘卷西风，人比黄花瘦"、"满地黄花堆积，憔悴损，如今有谁堪摘"，林黛玉的"明媚鲜妍能几时，一朝飘泊难寻觅"、"一朝春尽红颜老，花落人亡两不知"等，就是其中的典型，名为叹花，实则叹人。《红楼梦》中把宝钗比作雍容华贵的牡丹，把黛玉比作风露清愁的芙蓉（荷花），把李纨比作清幽的梅花，都是根据各自的容貌体态、性格身世来设喻的，其中有深刻的寓意。正因女性与花有诸多相似之处，因而花即女性，女性即花，这是再自然不过的事了。

在中国，以花为名是女性的专利，名叫"牡丹、梅花、荷花、红梅、春兰、秋菊"等的女子，多得难以计数。另外，从古到今，从神话传说到拟人表演，凡花仙必是女子。如：《镜花缘》中一百名花仙子全是女子，中央电视台少儿节目一主持人以花的形象出现，名曰"花姐姐"，等等，这些都反映了花与女性的联系。

另一方面，树木则与男性相联系。树木高大、伟岸、挺拔，经得起风雨，耐得住严寒，这与男性高大健壮、勇敢顽强的特点相似，因此树被视为男性的象征。汉族男子常以松、柏、桦、杨、榛、榕、楠、桐、槐、椿、柳、竹等树木为名，描写和赞扬男性也常将其比作高大挺拔的各种树木。中国神话传说及童话中的树木总是以男性的形象（树爷爷、树公公）出现，如《西游记》中唐僧在荆棘岭路遇的几个树精全是男性：十八公（松）、孤直公（柏）、凌空子（桧）、佛云叟（竹）。然而，相比起来，花与女性的联系比树与男性的联系更为鲜明和复杂。

而在英语中，花木与性别的联系不明显。男性一般不以树木为名，把男性比作树木的现象很少。女性虽有以花为名的，但用作人名的花只有很少几种：玫瑰（Rose）、紫罗兰（Violet）、茉莉（Jasmine）、迷迭香（Rosemary）、郁金香（Tulip）、雏菊（Daisy）等；用花来比喻女性的现象有，但很少，且只限于比喻女子的容貌。虽与人的性别关系不大，花木在英语却与神联系在了一起，它们被用来象征希腊神话中的神（顾雪梁，1994）。如：桂树（laurel）象征阿波罗（Apollo，太阳神），百合（Lily）象征天后朱诺（Juno）或圣母玛丽亚（the Blessde Vingin Mary），常春花（myrtle）象征维纳斯（Venus，爱和美的女神），水仙花（narcissus）或罂粟花（poppy）象征谷物女神色列斯（Ceres），栎树（oak）象征主神朱庇特（Jupiter），柏树（cypress）象征阴间之神普路托（Pluto），岩薄荷（dittany）象征狄安娜（Diana，月亮和狩猎女神），橄榄枝（olive）象征智慧女神密涅瓦（Minerva），藤（Vine）象征酒神巴克斯（Bacchus）……

由花木与神的联系，不难看出英语植物文化与古希腊文化、宗教文化的关系。

四 英语中蔬果农作物类植物的丰富含义

蔬果农作物类植物具有丰富的比喻意义和象征意义，这是英语植物文化的一大特点。在英语中，特别是俚语中，用例很多。如：白菜（cabbage）指少女，南瓜（pumpkin）指脑袋或指乡村小镇，cabbage head（白菜脑袋）和 pumpkin head（南瓜脑袋）均指笨蛋傻瓜；黄瓜（cucumber）表示镇静，as cool as a cucumber 意为泰然自若，十分冷静；胡萝卜（carrot）指政治诱骗、不能兑现的许诺，the stick and the carrot（大棒与胡萝卜）是指政治上的软硬两手；土豆（potato）指难看的脸或头，

a hot potato（热土豆）比喻棘手的问题；菠菜（spinack）指杂乱的蔓生物或不受欢迎的东西；洋葱（onion）指人的头脸或搞糟的事、令人讨厌的家伙，know one's onion 意为精明干练，off one's onion 意为精神失常；大蒜（garlic）比喻不受欢迎的东西；生姜（ginger）指精神、活力；西红柿（tomato）比喻人的头、脑或美貌女子；苹果（apple）指男人，a smooth apple 指讨人喜欢的家伙，a wise apple 指傲慢的年轻人；香蕉（banana）指喜剧演员或黄疸病人；桃子（peach）指漂亮女子、杰出的人或极好之物，a peach of a cook 是出色的厨师；柠檬（lemon）指不中用的东西或讨厌的人；梅子、李子（plum）指最好的东西，如"好职位"、"书中最精彩的一段"；瓜（melon）指人突出的肚子或横财、红利；花生（peanut）指矮小、渺小的人；小麦（wheat）指朴实的人、乡下人；玉米（corn）指陈腐、伤感的思想或乐曲；燕麦（oats）指田园诗、牧歌，fell one's oats 意为兴高采烈、活跃；豆子（bean）指少量的或无价值的东西，full of beans 意为精力旺盛，give sb. beans 是说惩罚或责骂某人；高粱（sorghum）指甜得发腻的东西或表示过度多情……

另外，美国人还以农作物和水果为姓，有姓小麦（Wheat）的，有姓玉米（Corn）的，有姓稻子（Rise）的，有姓苹果（Apple）的，有姓橘子（Orange）的等等，颇为有趣。

汉语中虽然也有少量蔬果类植物具有比喻意义，如桃子喻胜利果实，小白菜喻清秀水灵的姑娘，小辣椒喻泼辣的人，冬瓜喻矮胖的人等，但远不及英语的丰富和普遍。另外，汉民族以花木喻人，注重的是花木的内在特点与人之精神品质的联系，而英语民族以蔬果类植物喻人，着眼的主要是植物的外部特征与人之外貌的联系，这种现象说明汉英语民族对各类植物的认识、重视有所不同，也反映了汉英民族在历史文化、思维特点以及审美观念等方面所存在的差异。

注释：

本文中未注明出处的英文用例，引自《新英汉词典》和《美国俚语大全》。另外，关于以花木喻人、花木与性别的关系等问题，笔者在教学中向英语国家的留学生作过调查，有关观点结论根据书面材料和调查材料得出。

参考文献：

[1] 顾雪梁. 花语涉絮 [J]. 现代外语，1994，(3).

[2] 郭榕. 花文化 [M]. 北京：中国经济出版社，1995.

[3] 李大农. 汉语中有关花草树木成语的文化内涵 [J]. 汉语学习，1994，(6).

（选自《中山大学学报》（社会科学版）1998年第4期，作者：赵新，略有改动）

五 练习

（一）请谈谈你对毕业论文的认识。

（二）结合你的专业方向，说一说：要顺利完成一篇毕业论文，你还需要在哪些方面努力？你最希望在毕业论文写作课上学到什么？

（三）预习：搜集并阅读一篇学术论文，思考一篇完整的论文由哪些部分组成。

第二课 毕业论文的撰写内容与基本结构

一 学习目标

（一）掌握毕业论文的撰写内容及基本要求。
（二）了解毕业论文的基本结构。

二 阅读与讨论

两人一组，交换阅读各自搜集到的论文，概括论文的内容，并分析论文的结构。

三 写作知识

（一）毕业论文的撰写内容与要求

毕业论文的撰写内容主要包括：论文题目、论文摘要、关键词、正文、参考文献。

1 论文题目

题目要对论文的内容有高度的概括性，简明、易读，中文题目一般不宜超过 24 个字，必要时可增加副标题。如：

"不"、"没（有）"教学和研究上的误区
　　——关于"不"、"没（有）"的意义和用法的探讨

2 论文摘要

应高度概括毕业论文所研究的内容、目的、研究方法、主要成果和特色，以方便读者阅读，所以语言要简洁、概括，字数一般为 300~500 字。毕业论文一般要求有中英文摘要。

3 关键词

关键词是指从论文中选取出来的最能表示全文主要内容、主要论点和结论的词语或术语。关键词一般是名词。一篇毕业论文的关键词通常为 3~5 个。它的位置在摘要之下、正文之前。

4 论文的正文

正文是毕业论文的主体和核心部分，一般包括引言、本论（论文中心部分）、结论。文科毕业论文字数一般在 5000~8000 字左右。

5 中外参考文献

在论文主体的后面应列出撰写论文过程中研读、参考和引用的主要论著或资料，其目的在于表明作者的科学态度和对前人劳动成果的尊重，并方便读者去查阅。一般来说，列入的文献应在 10 篇以上，其中外文文献在 2 篇以上。

除了上述内容以外，有些毕业论文中有个别名词或情况需要解释时，可在正文后加上"注释"进行说明。注释应根据先后顺序编排序号。此外，对于一些不宜放在正文中的重要支撑材料，可编入毕业论文的附录中。附录列在参考文献之后，包括某些重要的原始数据、复杂的图表、调查问卷等一系列需要补充提供的说明材料。附录的篇幅不宜太多，一般不超过正文。

论文各部分全部撰写完毕以后还要加上封面，封面应按规定格式写上论文题目、所在院系、专业全称、指导老师、作者姓名、论文完成时间等。有的高校还要求撰写论文的目录和致谢等。论文目录是论文的提纲，也是论文各章节组成部分的小标题。要求标题层次清晰，目录中的标题要与正文中的标题一致。谢辞应以简短的文字对论文撰写过程中曾直接给予帮助的人员（例如指导教师、答疑教师及其他人员）表示自己的谢意，这不仅是一种礼貌，也是对他人劳动的尊重。

（二）毕业论文的正文结构

毕业论文的正文结构形式是多种多样的。其"基本型"包括引言（绪论）、本论、结论三大部分。

1 引言

毕业论文的引言（或叫绪论）是论文正文的开端，主要介绍选题意义、研究对象和研究方法，必要时可以简略介绍已有的研究成果，还可以对本论部分加以概括介绍。

2 本论

这是毕业论文的主体部分，主要阐述自己的观点及论据，表达作者的研究成果。这部分要以充分有力的材料阐述观点，要准确把握文章内容的层次、大小段落间的内在联系。

3 结论

结论部分是对论文的总结，主要概括介绍经过论证得到的结果，或进一步强调已得出的结论。这一部分要写得简洁明了，使读者能明确了解作者的见解。最值得注意的是，结论必须是引言中提出的、本论中论证的、自然得出的结果。

此外，还可以对课题研究进行展望。如提出本课题研究工作中的遗留问题，或者还需要进一步探讨的问题，以及可能解决的途径等。

上面所说的是毕业论文结构的基本型。这个基本型是一般常用的，但不是一成不变的死板公式，作者可以根据具体的研究内容加以灵活运用。

四 范文

范文一

大连新建住宅名称及其结构特点

[摘要] 楼盘的命名可以突出楼盘的个性和品位，反映出人们对居住条件和环境的要求以及人们的社会文化心态。本文考察了大连市新建商品房住宅的名称，分析了住宅名称的专名部分和通名部分的语义类型，并从语音学角度和构词方式的角度考察房屋名称的结构形式特点。在此基础上，分析了大连市民的社会心态，希望能给房地产商及购房者提供一些参考。

[关键词] 住宅名称；语义类型；结构特点；社会心态

Construction Features on the Names of the Newlybuilt Commercial Residential Quarters in Dalian

[Abstract] The names of buildings can not only project their individualities and tastes, but also reflect people's need in the housing conditions and environment, and above all, their social-cultural psychology. The paper makes an investigation on the names of the newly-built commercial residential quarters in Dalian, examining the semantic types of the proper names and common terms for the quarters, and analyzing their form features from the perspectives of phonetics and word-formation. Based on this, the social mentality of the residents in Dalian is analyzed. The paper aims to give some suggestions to the estate agents and house buyers.

[Key words] names of residential quarters; semantic types; construction features; social mentality

一 引言

现代生活离不开衣食住行，而生活在都市里的人们，对"住"的追求显得尤为突出。随着"大大连"建设步伐的加快，房地产开发业蓬勃兴起，个人购房热潮如火如荼，一时间各种各样的"小区、公寓、花园、山庄、庄园"如雨后春笋，不断涌现。于是各种新居住区地地名便随之产生。对于开发商而言，为了在激烈的市场竞争中立于不败之地，给自己的楼盘命名是一件颇费思量的事情，因为一个楼盘的命名，可以凸现一个楼盘的个性和品位，反映出人们对居住条件和环境的要求以及人们社会文化心态和审美追求的变化。因此，研究新建住宅名称及其结构特点是必要的，也是有现实意义的，它可以给房地产商及购房者提供一些参考。

笔者从《大连晚报》、《大连日报》、《新商报》、《半岛晨报》等报纸刊登的楼盘销售广告中搜集语料，对大连市近年新建的、正在兴建的和正处于设计完成阶段的商品房住宅名称进行考察，分析大连市新建房屋住宅名称的专名部分和通名部分的语义类型以及房屋名称的语言结构形式特点，在此基础上，分析大连市民的社会心态。

二　住宅名称的结构特点

现代的房屋住宅名称多由专名和通名两部分组成。如，景山小区、环海公寓、秀月花园这三个住宅名称中的"景山"、"环海"、"秀月"属专名，"小区"、"公寓"、"花园"属通名。通常认为，"专名定位，通名定类"。通名反映的是类别属性，是普遍存在的具有明显共性的住宅名称，是可以重复使用的。专名反映的是个体属性，是区别其他同类住宅的特定专有名称，一般应尽量避免重复或类同。"地名＝专名＋通名"的格式，有点儿像"人名＝姓＋名"。专名类似"名"，通名类似"姓"。

（一）住宅名称的专名部分

每个房屋住宅名称都有自己的专名，没有专名便没有房屋住宅的名称。对房屋住宅名称来说，这一部分是最重要的，也是最能体现开发商的创新理念和住宅个性。因此，住宅名称的特色在专名部分明显地反映出来，同时专名也能体现新建住宅的一些有内涵的更深层次的东西。语义分类阐述如下：

1. 专名部分表明房屋的位置、处所

这一类主要由地名、街道名所构成，如：

青云（街）小区　环海（路）花园　白云（路）新村
长春（路）花园　迎宾（路）花园　蔡英（街）小区

2. 专名部分指明房屋的开发商

这是开发商为达到宣传自己的目的而命名的。如：

亿达系列：亿达世纪城　亿达国际新城　亿达学院城　亿达学清园
海昌系列：海昌欣城　海昌名城　海昌海岸线

3. 以某一地域标记命名的

这类住宅名称是围绕某一地域，成系列地出现。如：

星海系列：星海阳光　星海人家　星海国宝　壹品星海　金玉星海
　　　　　星海大第　星海名庭
台山系列：台二小区　台三小区　台四小区
泡崖系列：泡崖一区　泡崖二区　泡崖三区　泡崖四区　泡崖五区
　　　　　泡崖六区　泡崖八区

4. 以自然界的植物、自然现象命名的。如：

莲花小区　百合山庄　杏花小区　绿茵花园

蓝天庄园　翰林观海　阳光花园　海景园

(二) 住宅名称的通名部分

商品房住宅名称中的通名，有"小区、新区、园、花园、家园、庄园、苑、山庄、大厦、公寓、新村"，等等。大连房屋名称中的通名部分，粗略统计一下，出现频率比较高的主要是"小区、花园/园/家园、山庄、苑、公寓、新村、城、家/家园等。以下分类阐述：

1. 以"小区"命名的

"小区"本义是一种行政区划，将住宅区冠以"小区"之名应该算是在旧有词汇的基础上创造新词的现象。如：

景润小区　幸福小区　金福小区　绿波小区　锦绣小区　葵英小区
泡崖小区　华西小区　景山小区　莲花小区　桃山小区　博爱小区

2. 称为"花园、园或庄园"的

"花园"或"园"本来指景色优美供人休闲娱乐的场所，现在借来指住宅区的环境优雅，并逐渐形成了固定的概念，属词义的扩大。如：

学清园　　　逸彩园　　　海景园　　　清华园
软件园　　　锦泉园　　　绿波花园　　长春花园
民兴花园　　海神花园　　星台花园　　环海花园
金海花园　　金盛花园　　金光花园　　华南花园
温馨花园　　海之恋花园　仙居园　　　叠彩桃园
星浦庄园　　新希望花园　弘基书香园

3. 以"苑"命名的

"苑"，《现代汉语词典》的解释是：①养禽兽植林木的地方（多指帝王的花园），如鹿苑、御苑；②（学术、文艺）荟萃之处，如文苑、艺苑。现在用于住宅名称的通名，是一种词义扩大现象，借来指住宅区的环境优雅。如：

心宁苑　健龙苑　澳南苑　中南苑　天河心苑　东北名苑　金生佳苑

4. 以"山庄"命名的

"山庄"一词指山中住所。大连是一座山城，住所多依山而建，住宅命名为"山庄"就不为怪了。如：

天源山庄　名贵山庄　同香山庄　叠翠山庄　百合山庄　万福山庄

5. 以"城"命名的

用"城"作通名表示的商品房住宅，有规模大、功能全的特点。一般在小区中有医院、学校、商店、各种娱乐场所等。如：

  泉水新城　　　海昌欣城　　　海昌名城　　　未来星城
  千山心城　　　中华名城　　　亿达世纪城　　亿达国际新城

6. 以"新村"命名的

"村"本义也是一种行政区划，将住宅区冠以"新村"之名也算是在旧有词汇的基础上创造新词的现象。如：

  工人新村　　　转山新村　　　泡崖新村　　　白云新村

7. 称为"公寓"的

"公寓"一词原指配套设备完好的住宅楼，但原本不常用，尤其不作为住宅的命名，现在应该算对旧有词汇的再使用。如：

  北良公寓　　　环海公寓　　　绿波公寓　　　新型公寓
  金领公寓　　　科学家公寓　　休斯敦公寓　　经典生活公寓

8. 以"家"、"人家"或"家园"命名的

"家"原指家庭或指家庭的住址；"人家"原指住户或家庭；"家园"是家中的庭园，泛指家乡或家庭。用"家"、"人家"、"家园"给宅名称命名，是词义外延扩大的用法。如：

  幸福e家　星海人家　金海人家　亲亲家园　府佳家园

9. 以"大厦"命名的

以"大厦"作通名的住宅，一般是高大的房屋。如：

  伊都锦大厦　越秀大厦　教师大厦　万达大厦

10. 其它还有称为"都、府、别墅、小镇、庭、地"的，如：

  府佳名都　　　华府　　　　中南海王府　　　虎滩文苑别墅
  欧洲小镇　　　盛世闲庭　　青林美地

11. 零形式的通名

这种情况可以看作通名部分的省略，如：

  兰亭山水　翰林观海　青云林海　丽景春天
  世纪经典　壹品星海　星海阳光　经典生活　鹏程新世纪

从以上分析可以看出，大连新建住宅名称的通名可以说是多姿多彩，既有通俗

的通名,如"小区"、"公寓"、"大厦"、"村";又有幽雅的通名,如"花园"、"苑"、"家园"、"庄园";也有当今时髦的通名"城";还有省略通名,直接以诗化的优雅的文辞命名的。从"通名"部分的变化,我们可以看出人们对居住条件、居住环境和居住舒适度的要求在不断提高,房屋住宅的功能也在发生变化。

三 住宅名称的语言结构形式特点

住宅名称是处于不同地点的房屋住宅的语言符号标志,是不同语言成分的组合。以下我们主要从语音学角度和构词方式的角度考察房屋名称的特点。

（一）从语音学的角度考察

住宅名称有双音节的和多音节的。住宅名称按其长度可以分为长的和短的,短的只有两个音节,用汉语拼音拼写时连写。长的含五个或更多的音节,用汉语拼音字母拼写时分写。短的如"华府",长的如"新希望花园"。从我们调查的资料来看,具体情况如下：

1. 双音节的,如：华府；

2. 三音节的,如：学清园、清华园、清熙园、逸彩园、澳南苑、优·豪斯、海景园、锦江园、盛新园、中南苑、软件园；

3. 四音节的,如：幸福小区、绿波小区、蓝天庄园、亲亲家园、金福小区、星海人家、幸福E家、泉水新城、府佳名都、海昌欣城、丽景春天、青云临海、世纪经典、天源山庄、名贵山庄、景润小区、兰亭山水、越秀大厦、环海花园、星海国宝、叠彩桃园、都市海景、新华绿洲；

4. 五音节的,如：新希望花园、星海甲天下、亿达世纪城、伊都锦大厦、海之恋花园、电业逸彩园、万合新家园、花香维也纳、海昌海岸线、南山益溢园、天兴新家园、鹏辉新世纪、虎滩碧海园；

5. 六音节的,如：虎滩文苑别墅、金色阳光家园、亿达国际新城、西雅图观海苑、经典生活公寓、前城国际花园等。

从音节上看,住宅名称中以三音节、四音节、五音节为主。这和汉语中成语、惯用语作为常用语的特点有关。其中住宅名称专名部分用两个字的占大多数,而在以"公寓、花园"及"园"作为通名的新住宅名中,两字修饰语的比例更高。

可见从住宅名的发展趋势上看来,两字修饰语是主流,其原因是两字修饰语上口、易记，表现力强。

（二）从构词方式的角度考察

住宅名称的构词方式主要有如下几种：

1. 名词＋通名。如：

杏花小区　莲花小区　教师大厦　电业花园　阳光花园　未来星城
世纪家园　百合山庄　工人新村　蓝天庄园　东北名苑　科学家公寓

2. 动词/动词结构＋通名。如：

胜利花园　观海园　环海花园　迎宾花园

3. 形容词＋通名。如：

幸福小区　名贵山庄　温馨花园　华丽园　幸福人家　叠翠山庄

4. 偏正结构＋通名。如：

碧浪园　碧波园　锦江园　锦云园　锦霞园　海景园　金海花园
白云新村　新港花园　金光花园　海之恋花园　新希望花园

5. 主谓结构＋通名。如：

民兴花园　林茂小区　心宁苑　仙居园　府佳家园　天兴花园

6. 并列结构＋通名。如：

清华园　盛新园　绿香花园　兴达花园　山水家园　泰安花园

7. 名词＋数词＋通名。如：

侯二小区　台三小区　台四小区　泡崖一区　泡崖二区　泡崖五区

8. 名词＋形容词＋通名。如：

泉水新城　万合新家园　欧洲小镇　中华名城　天河新苑

9. 短语＋零通名。如：

兰亭山水　翰林观海　青云林海　丽景春天　世纪经典　蓝色海岸
花样年华　中南风景　硅谷假日　星海阳光　经典生活　亲亲阳光
枫合万嘉　名仕国际　星海甲天下　花香维也纳

10. 独词式。这种形式比较少，目前我们只发现"华府"。

四　从新建住宅名称看大连人的社会心态

在我国古今地名中，一些有普遍性的人文地理命名中往往透露出人们共有的社会心态。这种社会心态反映出人们的文化心理、价值观念、审美追求。我们从大连市新建住宅的命名中,大致可以看出大连市民的各种社会心态。

(一)祈望幸福、安泰、舒适的社会心态

如:幸福小区、万福小区、金福小区、幸福人家、温馨花园、泰安花园、心宁苑、仙居园等。这类住宅名称,流露出人们一种对美好幸福生活的向往和希望过上温馨、舒适生活的社会心态。

(二)祈求兴旺发达,重视财富的社会心态

如:兴达花园、天兴花园、民兴花园、金盛家园、金海人家、名贵山庄、壹品星海、华丽园、金领公寓等。从这一类名称中可以看出,人们对兴旺发达、美好富裕生活的向往,追求物资财富、生活品位的社会心态。

(三)追求时尚,与时俱进的社会心态

如:幸福E家、硅谷假日、未来星城、名仕国际、世纪经典、鹏程新世纪等。21世纪是信息网络的世纪,信息网络与人们的生存方式、生活方式息息相关,不愿意被时代所淘汰的现代都市人,会不断去积极适应时代发展的要求,追求时尚的东西。这一类"时髦"的住宅名称是大连人追求时尚、具有时代精神的社会心态的反映。

(四)亲近山水,回归自然的心态

如:兰亭山水、翰林观海、青云林海、丽景春天、蓝色海岸、中南风景、星海阳光、新华绿洲、青林美地、叠彩桃园、百合山庄等。

随着生活水平的提高,人们对居住的要求已经从物质享受向精神享受转移,人们追求的是一种生活的品位。生活在快节奏的都市人,工作、学业、家庭及方方面面的压力,确实令人有些压抑,人们的确需要和平宁静、舒适宜人、清新优美的居住环境,需要极具人性化、生机盎然的现代居所。从这类住宅名称中,可以看出都市人追求自然、纯美、悠然、舒适、休闲的生活,回归自然,向往人与自然和谐相融的一种社会心态。

(五)体现大连人对海的依恋之情

如:翰林观海、青云林海、环海花园、海之恋花园、星海人家、蓝色海岸、观海园、碧波园、碧浪园、海景园、都市海景等。这类与海有关的名称,突出大连的海环境、海资源、海文化,彰显大连海滨城市的魅力,表现大连人对大海的情有独钟。

（六）向往异国风情的社会心态

目前新住宅名称出现了洋化现象，如：休斯敦公寓、西雅图观海苑、星加坡花园、花香维也纳、欧洲小镇等。

近年来大连经济发展日新月异，外资企业逐年增多，国际影响力越来越大，不但吸引了大批海归派，也吸引不少外国人，随之大连人也逐渐"洋气"起来，于是出现了洋化的街名，如"俄罗斯风情一条街"、"日本风情一条街"，以及洋化的住宅名称。这一现象的出现是大连人对异国风情向往的一种表现。

总之，从以上分析可以看出，大连市新建住宅名称具有明显的时代特色，其通名丰富多样，专名突出了开发商的创新理念和住宅特色。从住宅的命名中，我们还可以看出人们对美好生活的追求。

随着我国房地产业的发展、楼盘数量的激增，丰富多彩的楼盘名称已成为语言学研究的新课题。希望本文的研究能对这一课题起到推进作用，也能对楼盘名称研究和楼盘命名提供参考。

参考文献：

[1] 马庆株. 街道名称及其构成方式 [A]. 语言研究论丛 (第 6 辑)[C]. 天津：天津教育出版社，1991.

[2] 李如龙. 汉语地名学论稿 [M]. 上海：上海教育出版社，1993.

[3] 邢欣. 城市语言学 [M]. 北京：商务印书馆，2003.

[4] 郭锦桴. 汉语地名与多彩文化 [M]. 上海：上海辞书出版社，2004.

（选自辽宁师范大学国际文化交流学院教师论文，作者：李宝贵，略有改动）

范文二

留学生汉语离合词使用偏误的分析

[**摘要**] 离合词是留学生学习汉语的一个难点。本文从第二语言学习者使用离合词的具体偏误出发进行分析，对留学生使用离合词时出现的偏误进行归类，并对这些偏误及其成因进行分析，试图总结出这些偏误出现的规律，希望能够为离合词的对外汉语教学总结行之有效的方法提供依据。

[**关键词**] 离合词；偏误分类；偏误及成因分析；对外汉语教学

[Abstract] It is difficult for overseas students to learn Chinese Liheci (V+O structure that other words can be inserted between V and O). The thesis analyzes the errors relevant to Liheci, categorizing them and finding out the factors inducing these errors, in the hope of offering some effective ways to teaching foreign learners Chinese Liheci.

[Key words] Liheci; error categorization; cause analysis of error; teaching Chinese as second language

1. 引言

离合词，尤其是动宾式离合词，在对外汉语教学及留学生学习的过程中是一个难点，留学生往往把这些词当作一个普通的词使用，于是就出现了诸如"见面我的朋友、散步散步"等错误。留学生有时会采用回避的方式，但是大部分离合词与生活息息相关，是无法避开的。而这些无法避开的错误出现时呈现一定的规律性，出现错误的原因也有一定的规律。本文主要以动宾式离合词为对象，从离合词偏误类型、偏误的成因、离合词的对外汉语教学三个方面进行分析。

2. 离合词偏误类型

为了便于对留学生使用离合词的偏误进行分析，本文将把这些偏误分为以下几类：应该"离"而没有"离"；"离"了，但插入成分处理不完善；"离合词"其他形式的偏误。下面对这几类偏误进行具体分析。

2.1 应该"离"而没有"离"

离合词区别于普通动词的一个最大不同就是可"离"可"合"，"离"就是中间可以插入其他成分，而这一点正是留学生觉得最难的地方，他们往往不知道何时、在什么位置、需要插入什么样的词，这就出现了这些偏误（例句来源于其他相关论文或留学生作文）：

(1) *我今天下午见面他。

(2) *请不要生气我，我以后不再伤心你。

(3) *他帮忙我了，我一定请客他。

(4) *我们见面了以后，谈了很多事情。

(5) *我已经理发过了。

（6）*孩子们鼓掌着欢迎我们。

（7）*我今天洗澡两次了。

（8）*领导讲话完了，然后就散会了。

（9）*他腿受伤了，跑步不行。

（10）*我在天安门照相了很多。

下面根据插入成分的不同把这类偏误分为三类：

第一类，当离合词表示的动作涉及到人，如偏误（1）、（2）、（3），为了要把人引出，需要用离合词"离"的形式，当然，有些也可以用介词把涉及的对象引出，放在离合词的前面。但大部分只能用离合词的扩展形式。如：

帮忙：帮他的忙/给他帮忙　　　问好：问他好/向他问好

作主：作他的主/给他作主　　　当面：当我（的）面

沾光：沾他（的）光　　　　　　丢脸：丢我的脸/给我丢脸

请客：请他（的）客　　　　　　点名：点他（的）名

伤心：伤他（的）心/让他伤心　告状：告他（的）状

领情：领他（的）情

这部分离合词中插入的代词是实实在在、有所指的，代词跟它后面的部分，有的是领属关系，如"伤他（的）心、点他（的）名、丢我的脸"；有的没有这种领属关系，如"帮他的忙、领他（的）情"。

第二类，当离合词表示动作的持续、完成和经历过，如偏误（4）、（5）、（6），应该在离合词中间插入"着"、"了"、"过"。大部分离合词都可以插入"着"、"了"、"过"，如"理发、洗澡、发言"，有的就有所限制。表示动作状态的持续和进行时，中间插入"着"，如：*他发烧着也来上课（应为"发着烧"），*妈妈为全家操心着（应为"操着心"）；表示动作已经完成、实现，中间加入"了"，如：*我们吵架了以后（应为"吵了架"）；表示动作是过去的经历，中间插入"过"，如：*你什么时候吃亏过（应为"吃过亏"）。

第三类，当离合词要表达动作持续的时间长短、动作的数量、结果和可能性时，如偏误（7）、（8）、（9）、（10），需要使用离合词的扩展形式。如"散了半个小时的步、吵了一天架、洗了两次澡、洗不成澡"，而表达动作持续的时间长短、动作的数量时，当然也可以使用离合词"合"的形式，但需要重叠前面那个动词，然后再接表示时间、数量和结果的成分。如"散步散了半个小时、洗澡洗了两次"。

这一点与普通的动宾词组的用法相同，如"看了一个小时的书、洗了两次脸"也可以用另一种方式表达，即"看书看了一个小时、洗脸洗了两次"。

2.2 "离"了，但插入成分处理不完善

(11) *他发起来烧。

(12) *她结过婚两次。

(13) *我今天跑了步两个小时。

在离合词中间要插入的成分比较复杂时，有些留学生也想到了插入，但是因为对离合词一知半解，再加上插入成分复杂，出现错误就在所难免了，例如：*他发起来烧（应为"发起烧来"）。因为插入的是复合趋向补语，学生知道这些词可以"离"，于是就把"起来"插入了"发烧"中间，但实际上复合趋向补语的出现是有条件的，即动作涉及的对象是不定指的（如拿出来一本书、想起来一件事），而发烧是不具备这种条件的。类似的错误还有：*她结过婚两次（应为"结过两次婚"）；*我今天跑了步两个小时（应为"跑了两个小时的步"）。

2.3 其他形式的偏误

第一，"重叠"形式的偏误

(14) *我们到操场散步散步好吗？

(15) *我们握手了握手。

离合词的重叠形式与普通动词不同，普通动词中单音节动词A的重叠形式是AA，如"走走、听听、看看"等；双音节动词AB的重叠式是AABB，如"学习学习、研究研究、商量商量"等。大多数离合词AB的重叠式更多地与动宾式词组的重叠式相同，即AAB/A了AB/A一AB。而很多留学生出现偏误是因为仿照了普通动词的重叠式，如：*我们到操场散步散步好吗（应为"散散步"），*我们握手了握手（应为"握了握手"），*我们握手握手吧（应为"握握手吧"），*那个客人每天跟别人吹牛吹牛（应为"吹吹牛"）。

第二，"倒装"形式的偏误

(16) *照相也照相了，录音也录音了，你不能再后悔了。

(17) *它连下蛋也不做，两个月越来越胖。

汉语有时候为了强调，或是为了表达某种情绪、达到某种效果，会把强调的那部分提前，离合词因为结合较紧密，一般不会进行倒装，但有一些离合词也可以进行倒装，从而表达一种强烈的情绪，例如：这两个年轻人，婚还没结，孩子就生了。/

相也照了，音也录了，你不能再后悔了。/这次考试，他连名也没报。

当然，这种倒装式出现的情况并不多见，因为留学生在使用汉语时一般都会回避这些用法，但有些时候还是不能避免地要用到这种形式。

3. 留学生使用离合词出现偏误的成因分析

留学生在使用离合词时出现的种种偏误，其原因是多方面并且是复杂的。

首先，离合词的本体研究不够充分，很多问题尚存在争议，例如：离合词到底属于哪一层级的语言单位至今尚无定论，离合词的鉴定也存在争议，这就直接导致一些教材、词典等对其进行处理的不统一，造成老师对这些词的讲解无所适从，只能按照自己的理解来安排教学。

其次，教材对这些离合词的处理有些模糊，教材、词典甚至《汉语水平词汇与汉字等级大纲》对离合词不注明词性，又不作额外说明，有些教材和词典能做的也仅仅是在拼音书写时加以隔开，而对离合词"离"的形式没有作有意识的凸现，这样离合词"离"的形式就不会给留学生留下深刻的印象，在运用时出现上面那些偏误也就在所难免了。

第三，离合词在教学安排上确实存在一定的难度，离合词中像"见面、洗澡、睡觉、请假、发烧、散步、照相"这些词在《汉语水平词汇与汉字等级大纲》中属甲级词，与学生的生活息息相关，常用程度较高，而这些词同时也是离合词中扩展能力较强的词，这些词甚至贯穿了留学生汉语学习的整个过程，涉及了各个等级不同难度的语法点，所以老师在安排教学时的难度可想而知。

第四，由于以上种种原因，留学生在使用离合词时就很容易犯过度泛化的错误，把曾经学过的有关规则泛化到离合词，而实际上离合词是现代汉语中一类特殊的词，它既有词的一些用法特点，又有词组的一些用法特点，是需要特别对待的。

4. 离合词的对外汉语教学

鉴于以上分析，离合词的对外汉语教学需注意以下一些问题：

首先，不纠缠于至今尚无定论的理论问题，但要指出这类词的特殊之处，让留学生学会如何使用这些词才是对外汉语教学的最终目标。

其次，离合词的特点决定了离合词的教学必须兼顾到"离"和"合"两种形式的用法特点，这就要遵循先"合"后"离"的原则，尤其是对于那些在词汇大纲中属于甲级和乙级而扩展能力较强、常用程度较高的离合词，这些离合词及与它相关的语法点可能不会同时给出，即生词先出现，相关语法点滞后。先"合"后"离"的原则，即在离合词作为生词首次出现的时候首先让学生掌握它的词汇意义和作为词的语法功能，这也符合先易后难的原则，以后当相关语法点出现时，要对已经教过的离合词进行新的扩展形式的教学，这时就要抓住时机，让学生牢固掌握离合词的扩展形式。

第三，既要抓住离合词扩展形式中的特有用法，也要突出其常用的基本句式。有些离合词的扩展形式有区别于其他词的个性，如一般离合词扩展时都可以插入"着"、"了"、"过"，但"当面"的扩展形式则只能用"着"，很少用"了"、"过"；"劳驾"一般也只用"您"扩展。对于这些词，学生如果再用离合词的一般规则类推，就会出现新的偏误。所以，在教学时，就要分清主次，确定重点，对于那些交际价值较大、常用程度较高的基本句式，就要在教完之后的练习中反复强化，对于不怎么常用的扩展式可以只教不练，甚至不教。切忌贪大求全，一起压上，人为增加教学难度。

离合词的教学，难度主要是其扩展形式的教学。对留学生如何更好地掌握、使用离合词的多种扩展形式，现在的研究还远远不够，希望能够通过以上分析找出一些规律，并对离合词的教和学提供些许帮助。

参考文献：

[1] 周上之. 对外汉语离合词循环递进复式教学法 [J]. 汉语学报，2000，(1).

[2] 赵淑华，张宝林. 离合词的确定与离合词的性质 [J]. 语言教学与研究，1996，(1).

[3] 饶勤. 离合词的结构特点和语用分析——兼论中高级对外汉语离合词的教学 [J]. 汉语学习，1997，(1).

[4] 鲁健骥. 外国人学汉语语法偏误分析 [J]. 语言教学与研究，1994，(1).

[5] 赵金铭. 能扩展的"动+名"格式的讨论 [J]. 语言教学与研究，1984，(2).

[6] 高思欣. 留学生汉语动宾式离合词偏误分析 [D]. 广州：暨南大学，2002.

[7] 朱志平. 汉语双音复合词属性研究 [M]. 北京：北京大学出版社，2005.

(选自《语言文字应用》2005年第3期，作者：王瑞敏，略有改动)

五 练习

(一) 判断下列文字材料应属于论文的哪一部分内容。

材料一

中级精读教材的分析与评估

教材是课堂教学的依据,直接关系着教学的质量。不断对教材进行分析和总结,不断提高教材的质量,才能保证教学质量的不断提高。

20世纪90年代以来,特别是1996年以来,中级精读教材不断推出,新思路、新方法不断涌现。与以前的中级精读教材相比,新教材在许多方面都有了很大改进,但也仍然存在一些不足。我们选取了三套有代表性的新教材进行分析,并结合对教材的分析提出中级精读教材的评估标准,以期促进中级精读教材的完善。

这三套教材是:《桥梁——实用汉语中级教程》(下称《桥梁》,北京语言大学出版社,1996)、《标准汉语教程》(下称《标准》,上海教育出版社,1998)、《中级汉语精读教程》(下称《精读》,北京大学出版社,1999)。都是使用一学年的成套教材,分别由北京语言大学、复旦大学、中山大学编写,反映了北京、上海、广州三地编写者的理念和三地的精读课教学情况,有一定代表性。

(选自《语言文字应用》2006年5月,作者:赵新、李英)

材料二

韩语汉字词对学生习得汉语词语的影响

本文根据针对韩国留学生的词语调查以及相应的问卷调查,分析了韩语汉字词对学生习得汉语词语的影响。发现韩国留学生对韩国汉字的知识普遍很差,因此对目前处于二三十岁年龄段的韩国学生来说,韩语汉字词对汉语词语习得的影响并不很大。本文还对学生理解和使用汉语词语时出现的偏误原因进行分析,并提出相应的教学对策:1) 重视韩国留学生的汉字教学,注重汉字字义的理解;2) 用汉语词语激活韩语汉字词,再利用汉字词引导学生掌握汉语词语;3) 要开设对比课、翻译课等课型,有针对性地进行教学;4) 词汇大纲要考虑学生母语中的常用词。总之,具有针对性的汉语教学是当务之急。

(选自《世界汉语教学》2006年第1期,作者:全香兰)

材料三

中西社交禁忌文化比较

通过以上分析我们可以看出，禁忌在人类的社会交往中几乎是无处不有、无处不在，因此，在中西跨文化交往中，无论禁忌是消极、迷信、愚昧的，还是积极、合理、科学的，我们都应该进行了解和研究，尽量消除和减少跨文化交往中可能带来的误解和摩擦，努力达到国际交往的顺利进行。

(选自《理论界》2007年第5期，作者：王丽颖)

材料四

"大概"、"也许"和"恐怕"的语义、语用分析

语气副词是副词中的一个小类，以往的语气副词研究仅仅局限于它的范围大小，以及与其他词类的划界和划分的标准等。上世纪八十年代以后，语气副词研究取得了不少成就，特别是九十年代以后语气副词研究成为现代汉语语法研究的一个热门课题。最具代表性的有张谊生（2002）、史金生（2002）、周小兵（2000、2002）、黄河（1990）等，他们运用现代语言学方法，对语气副词进行了全方位的探索。本文在前人研究成果的基础上，选取或然语气副词中的"大概"、"也许"和"恐怕"从语义、语用两个方面进行专题分析。

(选自《汉语学习》2008年第1期，作者：盛丽春)

材料五

韩国汉语教学的市场需求调研
——以"商务汉语"课程为例

如前所述，目前韩国的汉语教育存在的最大问题之一是缺乏根据学习者的特色、学习动机、汉语水平、学习目标与要求设计的个性化的汉语教育项目。具体地说，就是尚未形成系统的、科学的总体设计。然而随着韩中经济合作关系越来越密切，为正走进多样化时代的韩国的汉语教育市场提供适宜的、符合需求的教育服务，量身定做汉语学习项目显得至关重要。

本研究的结果可以为开发反映学习者需求的商务汉语课程提供具体的参考数据。笔者希望以此研究结果为基础，为今后商务汉语教育的动机化与持续性改革提供契

机,从而开发出内容更加丰富的课程。

(选自《福建师范大学学报》(哲学社会科学版)2009年第1期,作者:辛承姬)

(二)从本教材中选择一篇论文,分析其基本结构与内容。

(三)预习:搜集5个论文题目,并思考毕业论文选题应注意哪些问题。

第三课　毕业论文的选题

一　学习目标

（一）了解选题的重要性，掌握选题的原则和选题的方法。
（二）了解汉语言专业不同方向的论文选题的基本情况。
（三）学会运用所学的写作知识分析实例，能解释某个论文选题是否可行合理。

二　阅读与讨论

（一）三人一组，交换阅读并评价各自搜集到的论文题目，然后选择3~4个题目展示出来，并说明理由。
（二）分析以下题目是否适合做汉语言专业的毕业论文选题。

1. 论老舍小说的语言特色
2. 《骆驼祥子》的故事内容
3. 自信是事业成功的条件
4. 汉英成语中的数词比较
5. 与饮食文化有关的汉语俗语研究
6. 中国古代文学与欧洲古代文学
7. 日本企业名称中的汉字文化
8. 印尼学生使用副词"都"的偏误分析
9. 外国留学生学习汉语成语的难点考察与分析
10. 马来西亚60所华文独立中学师资问题探讨

三　写作知识

（一）毕业论文选题的意义

所谓选题，即在开始论文研究前，选择、确定所要研究论证的问题，也就是论文将要阐述的主题，是经过挑选确定的研究方向、方法、内容和途径。毕业论文的选题是写好毕业论文的基础，是实现毕业论文教学目的、确保毕业论文质量的重要环节。

通过选题，首先可以使学生了解应该怎样选择自己所要研究的课题。选题时，学生需要阅读大量的文献并进行深入的调查，才能发现前人没有完全解决的问题。通过选题可以使学生更深入地了解自己所学专业和自己的兴趣。

其次，选题是整个论文写作过程的第一步，是论文撰写成败的关键。选题实际上就是确定"写什么"的问题，如果"写什么"不明确，"怎么写"就无从谈起。论题选得好，可以使毕业论文有较高的学术价值、实用价值。论题选得不好，不仅会为收集整理资料、提炼论点、安排文章的结构和动笔写作带来一系列的困难，而且有可能造成论文写作半途而废，即使勉强完成写作，论文质量也不会太高。

总之，选题不仅决定着研究的内容，而且决定着研究的广度和深度。选题的正确与否直接关系到论文研究的成败。毕业论文是对整个学习过程的检验，因此它的选题就显得尤为重要。

（二）选题的原则

1 学术性

选题的学术性是毕业论文选题时最基本的要求。毕业论文是对某一专业领域的现实问题或理论问题进行科学研究探索的论说文，其选题一定要紧密结合专业方向，符合专业特点，充分体现专业人才培养目标的要求，有较强的现实意义或理论价值。因此论文的选题不能脱离自己的专业知识，也不宜选择那些过于简单随意的题材来写。

2 适中性

选题的适中性是毕业论文能否成功的重要因素。所谓适中性，主要是指选题的大小、难易要适中，避免走向极端。

第一，大题与小题：应该选小弃大，小题大做，切忌大题小作。因为题目过大，材料难找，也难以驾驭，况且时间也不允许。像中国文化与某国文化的对比、中韩成语对比等就不宜作为毕业论文的选题。

第二，难题与易题：要选择难易适中的选题。所谓难题，就是对这个问题自己根本不了解，或只知道一些皮毛，或者有关这个问题的资料太少，太分散；或者关于研究这个问题所需要的知识结构自己不具备，而且在短时间内也无法弥补，这样的题目不宜选。所谓易题，就是不需要花什么工夫就能完成的课题，这样的课题即使完成了，对自己的锻炼不大，价值也不会太高，千万不能图省事来选择这样的题目。

3 可行性

所谓可行性，是指毕业论文的选题一定要切合实际，写作内容要在自己的能力、时间范围之内。因为论文选题往往受到主观和客观条件的限制。

主观条件主要是指写作者自身条件的限制，即选题的方向、大小、难易都应与写作者本人的知识积累、分析问题和解决问题的能力以及写作经验相适应。在选题时，首先要充分估计到自己的知识水平和分析问题的能力，量力而行。如果理论基础比较好，又有较强的分析概括能力，那就可以选择难度大一些、内容复杂一些的题目，这样有利于锻炼自己，发挥自己的能量；如果感觉自己综合分析一个大问题比较吃力，那么题目就应定得小一些，以便集中力量抓住重点，把某一问题说深说透。其次，要充分考虑自己的特长和兴趣，要尽可能选择那些能发挥自己的专长、学有所得、学有所感的题材。

客观条件是指研究条件等客观方面的限制，这一方面是指有无所选论题涉及的相关资料，这些资料是否充足。因为资料是论文写作的基础，没有资料或资料不足就写不成论文，即使勉强写出来，也缺乏说服力。另一方面是要了解所选课题的研究动态和研究成果，大致掌握写作中可能遇到的困难。只有做到知己知彼，才能选择一个比较合适的毕业论文题目。

4 新颖性

选题的新颖性是文章的灵魂所在，是论文的学术价值所在。所谓新颖，即在论文中表现了自己的新看法、新见解、新观点，或在某一方面、某一点上能给人以新的启迪。一般来说，这类论题在相关学术领域还未完全定性，存在一定的争议，值得大家去研究和讨论；或者虽有定性，但能另辟蹊径，谈出新的观点，新的认识。

具体来说，对新颖性可以从以下几个方面进行把握：第一，从选题、观点、材料直至论证方法全是新的。这类论文写好了，价值较高，社会影响也大，但写作难度大。第二，以新的材料论证旧的课题，从而提出新的或部分新的观点和看法。第三，以新的角度或新的研究方法重做已有的课题，从而得出全部或部分新的观点。第四，对已有的观点、材料、研究方法提出质疑，虽然没有提出自己新的看法，但能够启发人们重新思考相关问题。

5 实用性

实用性是检验论文选题是否恰当的一个重要条件。所谓实用性，是指所选的题目与留学生的学习、生活、工作密切相关，特别是那些在学习中遇到的，带有普遍性的或亟待解决的问题。这类问题反映了留学生学习汉语的重点和难点。学生运用自己所学的专业知识对其进行研究，提出自己的见解，探讨解决问题的方法，不仅能使自己所学的书本知识得到实际的运用，而且能提高自己分析问题和解决问题的能力。

(三) 选题的方法

一般来说，先由学生根据自己的知识积累和兴趣进行初步选题；再由指导教师和学生共同论证并确定选题，选题最好能结合指导教师的科研方向；最后把毕业论文的选题尽量与学生的实习结合起来，使学生的实习有针对性，同时在实习中搜集论文相关资料，为论文的写作获取第一手资料。

1 自主和兴趣相结合

毕业论文的写作主体是学生，经过几年的汉语言专业学习，学生从自身的角度对所学的专业和课程有了基本的了解和兴趣，因此在选题时首先要体现学生的自主性，要给学生一定的选题自主权。

另外，学生在选题时要选择自己感兴趣的话题，因为如果没有兴趣，写作时就没有主动性，像是在被逼迫完成任务。

学生在决定一个题目前，需要平时的思考和积累，同时要查阅大量文献，提炼选题，形成自己的见解，这本身就是一种能力的训练和基本功的培养。

2 与指导教师的科研方向相吻合

学生选题与教师的科研方向相吻合是有重要意义的。首先，教师对于这方面的研究非常熟悉，因此能给予学生深入的指导；其次，在学生与指导教师的沟通与讨论中，有可能激发教师与学生的思维，产生学术思想的火花；最后，在论文的写作过程中，学生可以通过老师了解科研工作的相关理论、方法和手段，为今后进一步从事科研或应用性工作打下良好的基础。

四 范例

（一）汉语言理论研究和应用研究

汉语言理论研究主要是研究语言本身的特点，包括语音、词汇、文字、语法等方面。对大多数留学生而言，这一类研究难度很高。选这类论题的学生要么照抄语法著作，要么错误百出，因此可行性不大。这类选题有：

试论90年代以来产生的汉语缩略语	浅谈现代汉语中的委婉语
试论大陆普通话对港台词语的吸收	浅谈"不"与"没"的区别
论介词"给"的用法	现代汉语的程度副词
重叠式副词分类及调查分析	"X+前后/左右/上下"的分析
"多+V"和"V+多"	表比较的"有"字句浅析
谈强调反问的"又"和"还"	
试析汉语中带"春、夏、秋、冬"的成语	

语言应用研究则是研究将语言知识应用于其他科学领域和社会生活中的各种实际问题和理论问题，如：广播、影视、报刊、网络等媒体语言研究，法律、医学、广告、旅游等行业语言研究，商品品牌语言分析研究等。这一类研究强调语言的应用，比较贴近学生的工作、学习和生活，有较强的可行性和实用性。这类选题有：

论中国当代美术作品标题的语言特征	对网络流行语的考察与分析
当代中国大学生流行语及其特点初探	商业谈判中的"提问"策略
商务汉语信函的用语特征分析	新闻标题中的缩略语研究
浅析中国报刊新词语	试论广告语中的谐音现象
浅谈楼盘专名的语义特点及功能	广告语言的词汇运用特色
商品的取名艺术探讨	熟语在广告语中的运用
商务汉语谈判中的礼貌用语	在华外国公司的命名研究

对留学生而言，最好能结合本国留学生学习汉语的情况，把汉语跟其本族语进行对比研究。如：

现代汉语"了、着、过"及其在韩语中的对应形式
汉语"比"字句与越南语"HON"字句的对比分析
英语情态助动词与汉语能愿动词的比较

汉语中的量词在英语中的表达
倍数的英汉表达及翻译
汉英定语、状语和宾语的位置
数词在英语和汉语中的夸张作用
韩汉拟声词的比较
中英新闻标题语言比较
汉韩同形异义词的比较
汉韩礼貌称呼比较
中泰社会称谓语使用情况调查
中日颜色词的比较与翻译
英汉禁忌语及其文化异同

（二）对外汉语教学研究

主要研究分析外国人学习汉语的偏误（包括语音偏误、书写汉字的偏误、句法偏误、词汇偏误、语用偏误等），探讨外国人学习汉语的特点或规律以及与汉语作为第二语言教学相关的各种问题。写这类的文章，最好能结合汉语学习的难点，在汉外对比分析的基础上，分析学生在习得过程中的相关偏误，最后提出一些建设性的意见或建议。如：

美国英语语调对美国学生学习汉语普通话声调的干扰
泰国学生汉语语音偏误分析
高级汉语水平韩国留学生的语音偏误调查与分析
印尼留学生学习汉语语音难点的考察
越南留学生的汉语声母偏误分析
越南留学生错别字统计与分析
初级留学生标点符号的使用特征和偏误分析
初级阶段外国留学生汉字学习策略的调查研究
外国留学生学习汉语成语的难点分析
留学生回避使用"把"字句的情况调查
外国留学生使用汉语介词结构偏误分析
阿拉伯学生汉语语法使用不当探析
叹词习得情况的调查与分析

韩国留学生口语中使用介词"在"的调查分析
韩国留学生使用"是"字判断句的偏误分析
母语为英语者习得"再""又"的考察
越南学生使用助词"了"的调查与分析
越南留学生习得复合趋向补语"起来"偏误分析

此外，留学生也可以针对某个语言点、某类课程、某种教学法等进行教学设计或教学案例分析，还可以从学习者的角度来评估教材和教学，或对跟教学相关的问题进行调查研究。如：

初级读写课时量补语的教学
中级汉语口语课的教学设计
关于高级汉语综合课的调查研究
高级口语教材及相关问题的调查研究
关于新 HSK 口试的调查报告
韩国学生对汉语文化的兴趣点调查
留学生经贸汉语课程中的术语教学
商务汉语学习需求研究

（三）文化研究

语言是文化的载体，跟文化密切相关。对语言的研究也常常会涉及文化问题。如：

中国人名的文化内涵研究	中国数字文化初探
汉语亲属称谓与民族文化	问候语的文化心理背景研究
中国民俗中的谐音现象探析	汉语中与饮食文化有关的俗语研究
从汉语熟语看中国传统等级观念	从谚语看中国人的养生之道
汉语俗语中性别差异的文化透视	汉语中"红"族词语及"红"的文化内涵

不同民族在自然环境、社会习俗、思维方式、审美心理、宗教信仰等方面都会存在各种各样的差异，这些因素自然会影响到语言的运用。因此，从对比的角度对汉外语言中的文化现象进行探讨分析，是留学生容易把握和喜欢的一类选题。如：

从俗语看中越两国的文化交流
日本企业名称中的汉字文化探析
中外品牌命名的文化策略考察与分析

英汉植物词文化联想意义对比分析
中印颜色词文化象征意义的比较
中日与动物有关的词语中的文化现象
当代中越人名的文化差异对比
韩国俗语里的中国文化考察
从文化视角比较中俄广告语言
汉越电视广告语言的文化内涵探析

有不少留学生是因为对中国悠久的历史文化感兴趣而学习汉语的，因此，在进行论文选题时，不少学生将研究的重点放在了文化这个层面。亚洲留学生，尤其是东南亚留学生，因为其本国文化与中国文化的关系比较密切，因此在这类选题中往往能发现不少异同之处，而西方学生通过研究这种论题则会了解到更多的新知识。如：

中日公共社交礼仪初探
浅析中国佛教在韩国的传播及影响
浅析中国商务礼仪中的文化现象
从谈判策略看中西文化差异
中日现代"宠物观"之比较
对中日女大学生就业观的比较研究
圣经故事和中国神话的共同特点和差异
孔子的"仁"与基督教的"爱"之比较
从中韩两国过圣诞节的方式来看圣诞节的世俗化问题

留学生在中国学习、生活或工作，必然会遇到许多跨文化交际中的障碍和问题。因此，留学生也可以分析各种文化因素在跨文化交际活动中可能起到的作用，指出跨文化交际要取得成功应该注意的问题和使用的方法、策略。如：

涉外公司商务沟通技巧探讨
跨文化商务谈判成功要素探析
跨文化商务谈判中的礼貌策略研究
浅谈中西方文化差异对商务谈判的影响
跨文化商业谈判中应该注意的问题
从中韩文化异同点看交流上的优势和障碍

（四）作家作品研究

这一类选题写作难度比较大，写作者一定要对文学作品及其作者非常熟悉，能从某个角度对作品或作家进行分析和评论。留学生最好能从对比的角度进行研究。如：

《围城》比喻的艺术特色研究

浅析《射雕英雄传》中刻画人物所用的修辞手法

中国的"阿Q"与越南的"志飘"之比较

巴金的《家》与金南天的《大河》艺术形象之比较

李白、白居易对韩国高丽代诗人李奎报的影响

中日女鬼形象比较研究

（五）有关企业经营、商务活动等方面的调查和研究

这类课题需要研究者具备经济学、管理学、市场营销、国际贸易等方面的知识。商务汉语方向的留学生可以利用自己在这方面的优势，对跟企业经营或商务活动有关的各种现象和问题进行探讨，如对比中外企业文化，研究外资企业在中国的经营策略，分析人们的消费观念及消费行为特点等。但要注意，对汉语言专业的留学生来说，选择这类课题一定要量力而行，不宜选择太专业、太深的问题进行研究，否则很有可能半途而废或照搬别人的研究成果。如：

对中韩两国企业文化的比较研究

留学生网上购物的现状调查

中国外贸商品中的包装问题探析

对中国摩托车在越南销售情况的考察

从海尔在泰国的发展看海尔的国际化策略

跨国公司在华的营销策略和案例分析

宜家家居的本土化战略及其问题

在穗韩国留学生的消费行为调查

瑞士保险公司在华发展及其带来的影响

韩国小留学生在京情况及其对北京经济的影响

 五 练习

（一）结合自己的专业方向、兴趣爱好，说出几个论文选题。然后和大家讨论这些选题是否合适。

（二）对汉语言专业的学生而言，以下毕业论文选题是否合适？为什么？

  1. 中国文化与日本文化的异同
  2. 泰国学生学习汉语"时量补语"的偏误分析
  3. 现代汉语副词的研究
  4. 从文化的角度探讨汉韩礼貌语言的差异和冲突
  5. 中韩化妆品广告语言对比分析
  6. 论"失败是成功之母"
  7. 韩国现代汽车公司在华广告策略的研究
  8. 粤菜菜名的考察与分析

（三）判断以下题目是关于哪方面内容的。

  1. 中国休闲产业的发展现状及存在的问题
  2. 现代汉语中的"有没有"
  3. 汉日夫妻间称谓的对比研究
  4. 任务型教学法在商务汉语教学中的应用研究
  5. 韩国汉语教学的市场需求调查
  6. 从中英文征婚广告浅谈中西方语言与文化
  7. 韩国好丽友公司在华品牌策略探析
  8. 中国当代餐厅新潮菜肴命名研究
  9. 英汉动物习语象征意义的文化差异
  10. 印尼学生使用副词"都"的偏误分析
  11. 韩国学生离合词使用情况调查
  12. 论巴金《家》中女性人物的爱情悲剧

（四）预习：搜集一篇跟自己的专业方向有关的论文。

第四课　文献资料的收集与利用

一　学习目标

（一）认识文献资料的收集在毕业论文写作中的重要作用。

（二）了解写作毕业论文时常用的中文数据库和各相关专业数据库。

（三）学会利用数据库和网络资源获取跟选题相关的文献资料，掌握文献资料使用的相关知识。

二　阅读与讨论

你如何查找有关资料？下列中文数据库及搜索引擎，你了解多少？

中国知网	万方数据资源
超星数字图书馆	方正 Apabi 数字图书馆
百度（http://www.baidu.com）	搜狐（http://www.sohu.com）
网易（http://www.163.com）	Google（http://www.google.com.hk）
Yahoo（http://www.yahoo.com.cn）	中国搜索（http://www.zhongsou.com）

三　写作知识

（一）文献资料在毕业论文写作中的重要性

文献资料指的是有历史价值或参考价值的图书资料，包括图书、期刊、会议论文、学位论文、科技报告等，按载体形态可分为印刷型、缩微型、声像型和电子型文献四种类型。

在初步确定论文选题范围后，就要收集大量相关的文献资料。占有丰富的文献资料是写作毕业论文的基础，对留学生来说，没有资料，研究往往无从着手。所以，详尽地占有资料是毕业论文写作之前一项极为重要的工作。写成一篇五千多字的论文，可能要搜集几万甚至几十万字的资料。

文献资料在论文写作中的重要性主要表现在以下几个方面：

1 文献资料可以为研究提供选题和内容参考，帮助研究者缩小研究范围，确定自己的选题

撰写毕业论文不是凭空进行的，而是在他人研究成果的基础上进行的。研究者通过收集本专业的文献资料可以了解与研究方向相关的各种信息，如：前人或他人的主要研究成果、研究的重点和研究方法、哪些问题已经基本解决、哪些问题有待于进一步修正和补充，从而找准自己研究的真正起点，避免低水平重复基础性工作。

找准研究的起点之后，要形成一个可以集中精力研究的具体问题也并不容易。换句话说，就是要选择那些适合研究者的兴趣和能力的，便于操作的，又有一定研究价值的研究课题。这就需要写作者从详细的文献资料中，通过阅读、筛选和比较缩小研究范围，形成更为准确具体的研究课题，进一步明确论文选题的意义和价值。

2 文献资料可以提供一些可能对当前研究有帮助的研究思路和方法

文献资料反映了国内外研究学术思想的最新成就，是我们了解本专业研究现状的有效途径。通过查阅文献资料，研究者可以了解国内外最新的理论、手段和研究方法，从过去和现在的有关研究成果中得到启发、借鉴和指导，并能为更科学地论证自己的观点提供有说服力的、丰富的事实和数据资料，使研究结论建立在可靠的材料基础上。

（二）数字资源的信息检索

信息检索是获取文献资料的一个重要途径。它需要利用一定的检索工具，从大量的信息资源中迅速、准确地查找出特定用户在特定时间和条件下所需的相关信息。

一般来说，在毕业论文相关资料的收集阶段，对文献资料的查找，首选是国内外常见的一些文献数据库，其中包括电子期刊、电子图书、学位论文、会议资料等，其次才是网络资源。这里主要介绍电子期刊和电子图书这两种数字资源的检索。

1 中文电子期刊的检索

电子期刊的检索,建议使用"中国知网",简称CNKI(网址:www.cnki.net)。各高等院校的学生可以通过学校的图书馆主页进入中国知网。截至2012年10月,这个数据库收录中国国内7900多种学术期刊,内容覆盖自然科学、工程技术、农业、哲学、医学、人文社会科学等各个领域,分为十大领域:基础科学、工程科技Ⅰ辑、工程科技Ⅱ辑、农业科技、医疗卫生科技、哲学与人文科学、社会科学Ⅰ辑、社会科学Ⅱ辑、信息科技、经济与管理科学,积累全文文献总量现为3500多万篇。有多种检索方法,包括检索、高级检索、专业检索、句子检索等。

检索注意事项:

(1)关于检索范围。从图书馆提供的检索入口进入到中国知网的页面(见图1),在总目录下点击"清除",然后选择你想查询的范围。汉语言专业的学生可选择"哲学与人文科学"作为查询的范围。

图1

(2) 关于检索项的选定。《中国期刊全文数据库》提供了主题、篇名、关键词、作者、单位、刊名、摘要等多个检索项（见图2）。检索者可根据自己所掌握的信息或线索选择检索项。

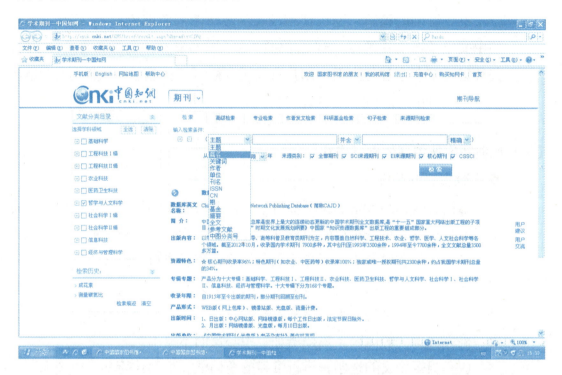

图 2

现提供部分适合汉语言专业的学生阅读的刊物名称：

《世界汉语教学》、《汉语学习》、《修辞学习》、《云南师范大学学报》（对外汉语教学与研究版）、《暨南大学华文学院学报》、《现代企业文化》等。

(3) 关于检索词的选定。选择检索词时需要考虑的因素主要有：

要选择能准确表达主题概念的各种名词、术语；

当检索结果太多时，要注意选择更加精确表达检索项的词或词组。相反，当检索结果太少时，要注意选择具有更宽泛含义的词或词组。

(4) 关于检索结果的处理。要阅读、下载该数据库中的原始文献资料，需要安装能浏览 CAJ 或 PDF 文件的软件。

此外，还可以利用《万方数据资源——数字化期刊》检索电子期刊。《万方数据资源——数字化期刊》收录了自1998年以来中国国内出版的哲学政法、社会科学、经济财政、教科文艺、基础科学、医药卫生、农业科学和工业技术共 8 大类近 5500 余种各学科领域核心期刊。

2 中文电子图书的检索

电子图书的检索，建议使用《超星数字图书数据库》。它是目前全球最大的中文电子图书资源库，有着丰富的电子图书资源，几乎涵盖所有学科门类，并且每天都在增加与更新。用户可通过互联网阅读超星网（网址：http://www.chaoxing.com）中的图书资料。

（三）如何利用搜集到的文献资料

1 文献资料的整理

写作者搜集到大量的文献资料后，需要对搜集到的资料进行整理。资料的整理过程实际上也是资料的辨析过程。需要注意以下几点：

（1）以作者要论述的中心论点为依据，辨析资料的适用性。什么资料可以用，什么资料不能用，都要根据论文所要研究的中心来决定。不能把一些不能充分说明问题的资料搬来做牵强附会的解释，也不能将所有资料统统塞进文章里，搞得文章内容庞杂，篇幅增加，中心反而不突出。

（2）根据论文的选题，辨析资料的全面性。如写作论文《中国和印尼旅游广告的对比研究》，就既需要搜集有关两国旅游广告相同之处的资料，也要搜集有关两国旅游广告不同之处的资料。如果缺少了某一方面的材料，论文的论述就会出现偏颇、漏洞，甚至由于证据不足而难以自圆其说。

（3）认真阅读资料，辨析资料的真实性。资料真实与否直接关系着论文的成败，只有从真实可靠的资料中才能引出科学的结论。在这方面特别要注意：第一，不能根据个人的好恶来选择资料，不能歪曲资料本来的客观性；第二，选择资料要有根有据，采用的第一手资料要有来历，选取的第二手资料一定要与原始文献认真核对，以保证准确性。

（4）根据文献资料的公开出版时间，辨析资料的新颖性。所谓资料的新颖，不仅仅对资料产生的时间有所要求（不能太陈旧），还要从普遍常见的资料中发现别人还没有利用的东西。对于外国学生来说，达到后一个要求难度很大。在辨析资料的过程中，一定要注意思考，同时要注意近 5 年来的文献资料应占 50% 以上。

2 文献资料的引用

任何一项科研成果都是在前人研究的基础上发展起来的。撰写毕业论文是进行科学研究的初步尝试，因此在写作过程中，往往要引用他人著作、论文中的观点、材料和方法作为自己论文的根据。引文就是借鉴前人研究成果的一种方法。

引文可以分为两种：

（1）原意引用（间接引用）。即不完全引用原文，而是论文作者用自己的语言将原作中的意思概述出来。这种引文方法适用于原作篇幅较长，要引的意思比较分散、较为复杂的情况。它虽然不加引号，但要注明引自何处。例如：

美国学者斯图尔特在其《美国文化模式》一书中指出，美国人具有抽象分析和实用的思维取向，他们的思维过程是从具体事实出发，进行归纳概括，从中得出结论性的东西。

具体到商务汉语综合课的各部分内容比例，沈庶英（2006）认为汉语通用语言知识、经贸语体特有的语言知识和经贸文化知识三项内容的比例应大致为 7∶2∶1。

（2）原文引用（直接引用）。即抄录原文，不任意增减内容。引文前后加引号，插在作者论述的文字中。原文引用主要是为了充实文章的内容，用具有权威性的思想观点来代替自己所要表达的观点。例如：

商务汉语属专用汉语，对留学生而言，商务汉语就是一门专用外语。袁建民（2004）认为："无论是学历教育还是非学历教育，'商务汉语'教学作为第二语言教学的一部分，它是以汉语作为技能训练手段，以商务知识作为讲授内容的专业汉语教学。"周小兵（2008）也认为："商务汉语的教学目的是为了让学习者能用汉语从事与商务或经贸有关的活动。"

祥林嫂第一次来鲁家是"头上扎着白头绳，乌裙，蓝夹袄，月白背心，年纪大约二十六七，脸色青黄，但两颊却是红的"。第二次来鲁家时，"她仍然头上扎着白头绳，乌裙，蓝夹袄，月白背心，脸色青黄，只是两颊上已经消失了血色，顺着眼，眼光也没有先前那样精神了"。

运用引文需要注意以下几点：

（1）引文必须符合论文论证的需要，为证明论点服务。因此作者要深刻理解文献资料的原文原意，准确引用引文资料，不能断章取义。

（2）引用要准确，不能改变引文中的文字、标点等，要与原文保持完全一致。

（3）论文作者在引用他人观点时要诚实地表明，给引文以明确的标记，并说明出处。这样做既表明对他人劳动成果的尊重和自己论证的根据，避免抄袭和剽窃之嫌，又能够为读者继续研究提供查阅的方便。

参考文献和注释是注明引文出处的两种方式。前者需列出作者在论文撰写过程中参考、借鉴过的重要文献资料，后者用来注明论文中被引用材料的确切来源或作者对所引用材料的解释，如：

参见邢福义．汉语语法学[M]．沈阳：东北师范大学出版社，1997：45．

本文所用的例句，基本上使用越南留学生作文里的原句，并没有进行任何修改。

参考文献和注释的格式非常复杂，后面的章节中将专门加以介绍。

（4）在论文写作中，引文不能太多。一般来说，论文中累计引用资料比例不得超过正文的30%。

课题：越南留学生使用动态助词"着"的偏误分析

[分析课题]

本课题涉及的主题是动态助词"着"、偏误、越南留学生，可将"助词'着'、偏误、越南留学生"作为主要检索词。

[选择数据库]

选择"中国知网"进行检索。

[检索方法]

1．进入"中国知网"，选择学科领域——哲学与人文科学。

2．选择检索项：

（1）首先要确认本课题是否已有人进行过研究，可先采用"检索"，选择"篇名"检索项和"并含"关系项，然后输入相应的检索词"越南留学生"和"助词'着'"

（见图3）。点击"检索"，结果显示记录0条。这说明本课题的研究成果很少。

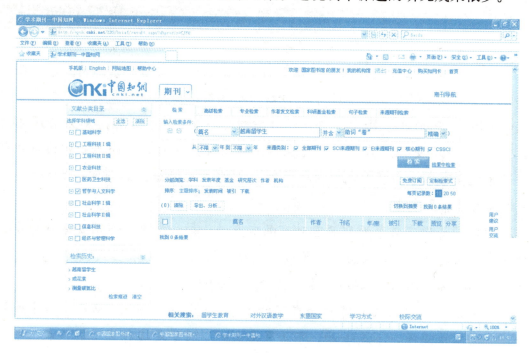

图3

（2）如果想了解针对越南留学生的研究情况，可在"篇名"检索项输入检索词"越南留学生"，这样检索到的记录相对较多。

如果要了解有关助词"着"的研究成果，可输入检索词"助词'着'"。还可在"篇名"检索项中输入检索词"越南留学生"并含"偏误"，了解有关偏误类论文的写作内容和写作方法。

[检索结果筛选]

对符合条件的记录进行筛选分析，选定本课题研究的参考文献，如：

助词"着"使用偏误及对外汉语教学设计

对外汉语教学助词"着"的选项与排序

动态助词"着"的成句条件研究

越南留学生学习汉语量词的偏误分析

五 练习

（一）阅读下列文字，判断它们属于引文中的哪一类，各有什么特点。

1. 周小兵（2008）认为"商务汉语教材跟通用汉语教材的最大区别就在于词汇选取的不同"。就此他对10部商务汉语教材的选词做了统计分析，发现这10部教材"选词有分歧也有交叉。其交叉体现在不仅有相当数量的共选词语和较为集中的等级，还体现在有不少高频出现的词和语素"。这些共选词语、高频词和语素都可以作为我们编写教材的参考。

2. 他们的表现直接影响到顾客对商品本身的认知和态度。当消费者在考虑购买某种商品时，其决策过程经历5个阶段：问题认知（产生需求），收集信息，评价与选择（货比三家），购买，购后行为（霍金斯，2003）。

3. 吕叔湘在《汉语文的特点和当前的语文问题》中指出："第三类文字是语素文字，它的单位是字，不是字母，字是有意义的。汉字是这种文字的代表，也是唯一的代表。"

（二）从本教材中找出一篇论文的"参考文献"和"注释"，分析它们的格式特点。

（三）如果写作以下选题，请思考检索词，并尝试在"中国知网"中搜集资料。
    广州房地产广告策略的研究
    中国食品行业品牌命名研究
    日本留学生使用汉语离合词的偏误分析

（四）预习：请利用数字资源，搜索一篇你感兴趣的论文，并写出论文的结构提纲。

第五课　毕业论文的结构提纲

一　学习目标

（一）明确撰写毕业论文结构提纲的意义及撰写步骤和方法。

（二）学会分析评价一篇毕业论文结构提纲的优劣。

二　阅读与讨论

（一）两人一组，交换阅读各自写作的论文结构提纲，并讨论论文结构提纲的写法。

（二）阅读下面两篇论文的结构提纲，并进行对比分析。

现场促销员的会话策略分析

引言

本论

　　一　现场促销员主动发话的情况

　　二　促销员回话时的主动性策略

　　三　现场促销员的会话策略分析

结论

母语为英语者口语中混用"不"和"没"的个案调查

1. 引言

选题意义:"不"和"没有"是现代汉语中使用频率最高的两个否定副词,在留学生的中介语中,"不"和"没"混用的现象大量存在。

介绍已有的相关研究成果。

说明本文的研究内容和研究方法:对以英语为母语者在口语中使用否定词"不"和"没"的情况进行纵向跟踪调查。

2. 研究方法

2.1 调查对象

两名澳大利亚留学生

2.2 数据收集

采取模拟实际交际场景的对话问答式。笔者与被试自由谈话,不限话题和任务。

通过表格显示语料转写情况。

3. 被试混用"不"和"没"的偏误分布

说明两名被试在初级一、初级二、中级一这三个阶段口语中使用了哪些含"不"或"没"的否定结构。

列出表格,显示两名被试在各个阶段混用"不"和"没"的数量及偏误率,并分析学习者在口语中混用"不"和"没"的偏误情况。

4. 不同阶段被试混用"不"和"没"的偏误分析

4.1 被试1混用"不"和"没"的偏误分析

以被试1为主来分析不同阶段学习者混用"不"和"没"的偏误情况

4.2 被试2混用"不"和"没"的偏误分析

通过与被试1的比较,分析被试2在不同阶段混用"不"和"没"的情况

4.3 小结

概括两名被试混用"不"和"没"的情况

5. 对教学的启示

根据追踪调查的结果,对否定词"不"和"没"的教学提出一些看法

三 写作知识

(一)撰写毕业论文结构提纲的意义

撰写毕业论文结构提纲是毕业论文写作过程中的一个重要环节,它是作者动笔行文前的必要准备,也是作者构思谋篇的具体体现。所谓构思谋篇,就是组织设计毕业论文的篇章结构。因为毕业论文的写作需要用大量的资料、严密的逻辑推理来展开论述,从各个方面阐述理由、论证自己的观点。因此,有必要在正式写作毕业论文之前拟定好写作提纲,以便有条理地安排材料、展开论证。具体来说,撰写论文结构提纲的好处至少有以下三个方面:

第一,可以体现作者的总体思路。提纲是由序码和文字组成的一种逻辑图表,是毕业论文写作设计图,能使作者掌握全篇论文的基本骨架,分清层次,明确重点。

第二,有利于论文前后呼应,合理地安排、组织、利用资料。通过撰写提纲,可以帮助我们在论文写作时树立全局观念,从整体出发,去检验每一个部分所占的地位、所起的作用,相互间是否有逻辑联系,每部分所占的篇幅及各个部分之间的比例是否恰当和谐。经过这样的考虑和编写,论文的结构才能统一而完整,从而很好地为表达论文的内容服务。

第三,有利于及时调整,避免大返工。在毕业论文的研究和写作过程中,

写作者的思维活动是非常活跃的，常常会产生新的联想或新的观点，而且论文写作过程较长，写作者的思路也总会受到各种因素的干扰。如果不认真撰写提纲，动起笔来很可能就会想到哪儿写到哪儿，或不得不停下笔来重新思考，甚至将以前写好的内容推翻，从头来过。这样不仅增加了工作量，也会极大地影响写作情绪。其实，只要动笔前多花点儿时间和力气，把结构提纲考虑得周到严谨，就能形成一个层次清楚、逻辑严密的论文框架，从而避免许多不必要的返工。

另外，初写论文的学生，如果把自己的思路先写成提纲，再去请教老师，老师也较易提出修改补充的意见，给予学生有效的指导。

（二）撰写毕业论文结构提纲的方法

1 根据拟定的论文题目，结合所搜集到的材料，构思论文的基本结构框架

具体包括：

（1）拟定论文题目和论文的总论点。

（2）考虑全篇论文总的安排，即从几个方面，以什么顺序来论述总论点，这是论文结构的骨架。

（3）论文的各大组成部分安排妥当之后，再逐个考虑每一部分写什么，其中包括几个小部分，每个小部分写什么等。

（4）依次考虑各个段落的安排，对搜集到的材料进行取舍，并把准备使用的材料按顺序编码，以便写作时使用。

2 注意字数的分配

构思好毕业论文的结构框架之后，要根据论文的内容考虑篇幅的长短、文章的各个部分大体上要写多少字。如计划写20页原稿纸（每页300字）的论文，考虑引言用1页，本论用17页，结论用1~2页。本论部分再进行分配，如本论共有四大部分，可以第一部分3~4页，第二部分4~5页，第三部分3~4页，第四部分6~7页。有了这样的分配，更便于资料的配备和安排，写作也能更有计划。毕业论文一般的长度规定为5000~8000字，论文不宜过短，否则问题很难讲透；论文也不宜过长，这是一般本科学生的理论基础、实践经验所决定的。

3 撰写论文提纲

论文提纲可分为简单提纲和详细提纲两种。

简单提纲是高度概括的，只用简要的文字提示论文的要点，如何展开则不涉及。如前面所列论文《现场促销员的会话策略分析》的结构提纲就属于简单提纲。这种提纲只有几个大标题，简明扼要，一目了然，问题是过于简单，只有作者自己明白。毕业论文提纲一般不采用这种形式。

详细提纲则是把论文的主要论点和展开部分都较为详细地列出来，并尽量以一个能表达完整意思的句子形式将各部分的内容概括出来。如前面所列论文《母语为英语者口语中混用"不"和"没"的个案调查》的结构提纲就属于详细提纲。这种写法虽然费时费力，但具体而明确，执笔时能更顺利，别人看了也能明了。毕业论文的结构提纲要交与指导教师审阅，所以要求采用这种编写方法。

汉语言专业毕业论文常用的结构安排主要有以下几类：

第一类 引言（提出中心论点）——从几个方面分别论述

第二类 引言（提出中心论点）——从几个方面分别论述——结论（余论）

第三类 引言（提出问题）——描述现象——分析原因——解决问题（得出结论）

第四类 引言——相同点ABC（原因）——不同点ABC（原因）——结论

值得注意的是，毕业论文的基本结构由引言、本论、结论三大部分组成。引言、结论这两部分在提纲中都应比较简略。本论则是全文的重点，是应集中笔墨写深写透的部分，因此在提纲上也要列得较为详细。一般本论部分的写法有以下几种：

(1) **直线推论式，又称递进式结构**。即提出问题之后，进行分析，一步步深入，一层层展开论述。论点由一点到另一点逐步展开。在这类结构中，次序不可随意颠倒，否则就会造成逻辑混乱，层次不清，如上面的第三类结构。

(2) **并列分论式，又称并列式结构**。即把从属于总论点的几个分论点并列起来，一个一个分别加以论述。各部分之间没有递进关系，在顺序上谁先谁后并不影响文章的逻辑层次，一般按照各部分内容的重要性来排列顺序，先主后次。如要说明"常常"与"通常"这两个词在语法分布上的区别，就可分为"在谓词前面"、"在时间词前后"这两个方面分别加以论述。

（3）**综合式**。即将递进式和并列式结合起来分析说明观点。由于毕业论文论述的是比较复杂的理论问题，一般篇幅又较长，所以常常使用直线推论与并列分论两者相结合的方法。而且往往是直线推论中包含并列分论，而并列分论下又有直线推论。

无论采用什么样的写法或结构形式，都要注意段落、层次，各部分之间的过渡、衔接和照应。最常见的结构提纲是用序号、标题和句子表达的一组逻辑体系。在写作中，要注意序号的统一。比如，不要本论一下面采用1、2、3的序号，本论二下面采用（一）、（二）、（三）的序号，本论三下面采用第一、第二、第三的序号。

4 全面检查，做必要的增删

主要工作包括：一、推敲题目是否恰当，是否合适；二、推敲提纲的结构。对结构提纲的检查主要包括以下几方面：1. 先围绕所要阐述的中心论点或者要说明的主要议题，检查划分的部分、层次和段落是否可以充分说明问题，能否为总论点服务；各层次、段落之间的联系是否紧密，逻辑层次是否清晰，过渡是否自然；各部分的比例分配是否恰当，篇幅的长短是否合适。2. 进行客观总体布局的检查，对每一层次中的论述顺序进行"微调"。

总之，论文提纲是学生写作论文的开端，提纲是否成功通过审查决定着学生能否进入论文的实际写作阶段，所以学生必须认真对待并且按时提交。

四 范例

英汉植物词文化联想意义对比分析

从提纲看，这篇论文的正文包括引言、本论两个部分。论文自然结尾，没有结论部分。

引言

阐释联想意义，并指出本文将从语义重合、语义错位与语义空缺三个方面探讨英汉植物词语联想意义的异同。

本论

一、语义重合：英汉植物词联想意义的共鸣

　　本部分主要以桂树、桃花、青草的联想意义为例来说明英汉植物词语联想意义的相同之处。

二、语义错位：英汉植物词联想意义的表同质异

　　本部分主要以柳树、红豆、桃花的联想意义在英汉两种语言中的差别来说明英汉植物词语联想意义的差别。

三、语义空缺：英汉植物词联想意义的民族性

　　本部分主要以松树、竹子、梅花以及百合花、黄水仙等植物词的联想意义为例来论述植物词联想意义的民族性。

四、英汉植物词联想意义形成的社会文化因素

　　（一）英汉两个民族思维方式不同

　　（二）英汉两个民族审美心理不同

　　（三）民族文学传统不同

　　（四）自然环境和社会习俗不同

　　（五）两种语言的语音语义系统不同

五、植物词的联想意义对跨文化交际的影响

　　本部分说明在跨文化交际中，第二语言学习者由于对植物词语的联想意义缺乏充分的了解，往往容易造成语用迁移，从而造成交际失误。

> 这篇论文的本论包括几个部分？它们之间是什么关系？

中国餐厅新潮菜肴命名研究

引言

　　主要说明选题意义：指出当前餐饮业出现了不少体现时代特色的新潮菜名，从总体风格上来说，新潮菜名与传统的观念、风俗习惯和审美情趣有一定差异，应该引起人们的关注。

> 这篇论文的结构安排有什么特点？包括哪些内容？

1. 新潮菜名与传统菜名的比较
   1.1 从命名方式上看
      传统菜名最常见的命名方式
      新潮菜名命名方式上的创新
   1.2 从修辞手法来看
      传统菜名相对典雅
      新潮菜名幽默风趣
2. 新潮菜名的修辞特点与心理基础
   2.1 新奇性与猎奇心理
   2.2 模糊性与猜谜心理
   2.3 幽默性与戏谑心理
3. 新潮菜名的修辞失误
   3.1 用语故作高深，名不副实
   3.2 用语低级庸俗，以情色诱人
   3.3 用语不顾社会公德，渲染语言暴力
4. 新潮菜名应该体现的修辞追求
   4.1 求新求变，将陌生化与单纯猎奇区别开来
   4.2 求雅俗共赏，将文雅与低俗区分开来
   4.3 求名与实的内在联系，将耐人寻味与生拉硬扯、有意欺诈区分开来

中韩中级轿车广告语言对比研究

> 你认为这篇论文的结构提纲怎么样？

引言
一 中韩两国轿车产业概况及研究范围的界定
   （一）关于轿车的分级
   （二）中国大陆轿车产业的特点
   （三）韩国轿车产业的特点
   （四）研究范围的界定

二 韩国现代汽车在中韩两国的轿车广告语言对比

 （一）韩国现代汽车在韩国的轿车广告语言

 （二）韩国现代汽车在中国大陆的轿车广告语言

 （三）韩国现代汽车在中韩两国轿车广告语言的异同点及其原因

三 中国大陆中级轿车广告语言分析

 （一）广告的内容和诉求点

 （二）广告的修辞特点

四 韩国现代汽车在中国大陆广告语言的得与失

结束语

《杜十娘怒沉百宝箱》与《茶花女》之比较

> 比较类的论文在结构安排上有什么特点？

引言 指出两部作品有异同之处

一 两部作品具有相同点

 （一）在人物形象上的相同点：妓女，对爱情的追求

 （二）在人物命运上的相同点：渴望爱情，但结局都很悲惨

 （三）人物命运相似性的原因：父权制社会

二 两部作品有差异

 （一）主人公受奴役的方式不同

   1. 杜十娘无人身自由

   2. 茶花女有人身自由

 （二）刻画人物典型的方法不同

   1.《杜》通过人物的行动和语言来揭示人物性格

   2.《茶》对人物心理描写更多

   3. 塑造人物方法不同的原因：

    不同的文化传统：《杜》受中国的"话本"小说影响，《茶》则来源于欧洲18世纪感伤主义小说和19世纪浪漫主义小说传统。

结语 进一步总结两部作品的异同

汉日夫妻间称呼的对比研究

1. 引言

指出本文的研究意义，说明本文的研究内容为：研究现代汉日夫妻间称呼的异同以及形成差异的社会和历史因素。

2. 研究方法和数据收集

对 100 对中国夫妇和 100 对日本夫妇进行问卷调查，问卷内容为：

① 你平时是如何当面称呼妻子（丈夫）的？

② 你有小孩或孙子后，是否改变了对妻子（丈夫）的称呼？如果改变，新的称呼是什么？

3. 汉日夫妻间的称呼差异

3.1 日语中夫妻间的称呼

　　日语中丈夫对妻子的各种面称及比例

　　日语中妻子对丈夫的各种面称及比例

3.2 汉语中夫妻间的称呼

　　汉语中丈夫对妻子的各种面称及比例

　　汉语中妻子对丈夫的各种面称及比例

4. 对汉日夫妻间称呼差异的分析

4.1 日语中夫妻间称呼有一个很独特的现象是称呼的纵向变化：随着夫妻年龄的增长，称呼的内容及形式也跟着变化。

4.2 夫妻间称呼的差异反映两国夫妻的社会地位。

5. 结论

总结对比研究成果，提出需进一步研究探讨的问题。

 五 练习

(一) 阅读下列论文结构提纲，并分析其优劣。

论文提纲一

韩国留学生使用"是"字判断句的偏误分析

引言

本论

1. 汉语和韩语"是"字判断句词序的异同
2. "看起来"等成分在汉语和韩语"是"字判断句中语法作用不同
3. 韩国学生使用"是"字判断句偏误分类及分析

结论

论文提纲二

中印谚语对比

（一）引言

（二）中印谚语的异同

1. 中印谚语表达方式的比较

    1.1 中国谚语同一意义的不同表达方式

    1.2 印尼谚语同一意义的不同表达方式

2. 两国语言中形同意同的谚语
3. 两国语言中意同形异的谚语
4. 汉语谚语特有的形象
5. 印尼谚语特有的形象
6. 两国谚语的归类

    6.1 中国谚语中的友谊类

    6.2 印尼谚语中的友谊类

    6.3 中国谚语中的家庭类

    6.4 印尼谚语中的家庭类

6.5 中国谚语中的励志类

6.6 印尼谚语中的励志类

6.7 中国谚语中的爱情类

6.8 印尼谚语中的爱情类

(三) 结论

论文提纲三
跨文化商务谈判中的文化差异及应对策略

引言

随着国际贸易往来的日益频繁，跨商务谈判也逐渐增多，研究跨文化谈判中的文化差异就显得十分重要。

本论

一 影响跨文化商务谈判的文化差异因素

  (一) 语言因素和非语言因素

  (二) 空间观

  (三) 时间观

  (四) 思维差异

二 中西方文化的意识差异

  (一) 决策意识

  (二) 人情意识

  (三) 利益意识

三 如何克服文化障碍

  (一) 语言策略

    1.尊重和采取对方立场

    2.减少感情对立，扩大积极乐观

  (二) 克服文化偏见

四 建立跨文化谈判意识

结语

了解中西方文化差异，能够克服文化障碍，使跨文化商务谈判顺利进行。

(二) 从本课中的范例里选择一份论文结构提纲，分析其结构特点。

(三) 请根据以下材料拟出相应的论文结构提纲。

材料一

汉泰语言中动物成语的对比分析

汉泰动物成语所涉及的动物范围都非常广，像马、牛、鸡、猪、狗、羊、猫、鸭、鹅、鱼、虾、龟、蟹、鸟、乌鸦、虫、虎、蛇等动物都在两国语言中的成语中出现。但由于中泰两国有不同的地理环境、历史文化背景，两个民族中又有很多含有不同动物形象的成语。如泰语中有关于象、鳄鱼、变色龙的成语，而汉语里面没有；汉语里面有不少关于狼、老鹰、燕、驴、狐、凤凰等的成语，而这些形象在泰语成语里就没有或很少出现。

汉泰动物成语都具有丰富的比喻意义。由于中泰两国文化上的差异，两国人民对动物的感受和联想不尽相同，所以汉泰动物成语所表示的比喻意义也有差异，反映了各自的文化特色。

材料二

外国留学生双音节动词偏误分析

外国留学生在动词习得过程中出现的偏误较多，如：

(1) *他的态度引起同事们的反感，使他孤立在公司。

(2) *这篇文章废话太多，我好不容易编辑。

(3) *你不要想报仇他。

(4) *老师分布了下学期奖学金学生名单。

(5) *今天的发言，我特别紧张了，声音颤动了。

(6) *他上大学以后加入学生会活动了。

造成动词偏误的原因是多方面的。针对不同的偏误，教师应该采取不同的教学策略。

材料三

中餐馆店名的语言和文化特点分析

一般来说,各个行业的商铺名都可以分为专名和通名两部分。

专名体现着商铺的个性特征,其组合形式多样,常见的中餐馆店名的专名大都由称谓、地名、品位、企愿、评价、材料、定位、类别、制作方式等构成。它们相互错综组合,和通名一起形成各式各样的中餐馆店名,如:淘金乐海鲜酒家、阿福豆浆店、洞庭水鱼美食城等。

在音节上,中餐馆店名以4~6音节为多,最少的为双音节,最多的11个音节。

在词汇的选择上,中餐馆店名极少有带洋味的词语,新潮词语也不多见,多为常用的吉利话、俚俗语、雅词雅语等。

从文化角度来看,中餐馆店名显示出雅俗共存的特点,并且力求把传统人情融入现代商情之中,反映出中国的饮食文化特色。

(四)预习:阅读一篇论文,找出论文中所使用的关联词语及其他起到衔接连贯作用的词语或句子。

第六课　毕业论文的过渡与照应

 一 学习目标

（一）掌握毕业论文过渡的常用方法。
（二）掌握毕业论文照应的常用方法。

 二 阅读与讨论

（一）两人一组，交换阅读各自所搜集到的论文，找出论文中表字过渡和照应的关联词语和句子。
（二）阅读下列文字，并选择适当的语句填在空格处。

> 首先　其次　最后　此外　因此　另　相对来说　总而言之
>
> 　　语言系统内部可以大致分为几个子系统：语音系统，词汇系统，语法系统。在几个子系统中，词汇最能反映出社会文化的特征，也最容易受社会文化的影响。_____①_____，语音和语法跟文化的联系不如词汇。_____②_____，在对外国留学生进行语言文化教学时，应该更重视在词汇教学中导入文化因素。
> 　　在两种语言的词汇系统中，完全等值词所占比例不大。大多数词是不等值词或不完全等值词。如汉语中的"气功"、"功夫"、"点心"、"饺子"、"华表"等，表示汉民族特有的事物，在许多语言里没有对应的词。不同语言中的不等值词一般很难对译。汉语中的许多成语、习惯语，如"三人成虎"、"南辕北辙"等成语，"拙作"、"拜访"等谦辞敬辞，"人多瞎打乱，鸡多不打蛋"、"三个和尚没水喝"等谚语，"南山之寿"、"松柏长寿"等吉利语，"狗咬耗子——多管闲事"、"黄鼠狼给鸡拜年——没安好心"等歇后语，都很难对译。

不完全等值词指不同语言中意思、色彩、用法不完全相同的词。

_____③_____，意思不同的，如不同语言对亲属称谓的可代码性不同。一种情形是同一亲属关系，有的语言用词表示，有的语言用词组表示。"父亲的父亲的父亲的父亲"，汉语用"高祖"这个词表示，英语用词组"great-great-grand-father"表示。_____④_____一种情形是不同的亲属关系，有的语言用不同的形式表示，有的语言只用一种形式表示。汉语用伯母、婶母、姑母、舅母、姨母五个词表示五种关系，英语只用一个词 aunt 表示。上述区别反映了汉民族重家庭，重有序，重血缘，重远近亲疏的文化心理。

_____⑤_____，色彩不同的，如词的褒贬。英语的 ambition 没有褒贬之分，而汉语与之大致对应的一个是褒义词"雄心"，一个是贬义词"野心"。英语中的 sexy 没有贬义，有时还用于赞扬，汉语中的"性感"在使用时常常带有贬义。现在南方一些大中城市市民受外来文化和语言影响，往往借用英语的 sexy 来赞美女性及其服装，很少用"性感"。

_____⑥_____，用法不同的，如汉语的"看"，除了表示一般的访亲探友之外，还可以表示上级对下级的主动探访。但表示下级要与上级会面，用"见"，不用"看"。英语中的 see, call on, visit 没有这种用法上的区别。这反映出汉语重视尊卑区分的文化心理。

_____⑦_____，不同语言中的不等值词和不完全等值词，蕴含着自己的文化特质，在对外语言教学中一定要予以重视。

_____⑧_____，一般词语中的文化内涵也是文化教学的重要内容。如汉语的"松鹤"代表长寿，"鸳鸯"象征恩爱夫妻。好些词语中的文化内涵明显表现出民族心理特征。如"龙"在汉人心目中是高贵吉祥的象征，"真龙天子"、"龙凤呈祥"、"望子成龙"都反映出这一点。但 dragon 在操英语者心目中却代表凶恶，有时用来形容悍妇，如 His wife is a dragon。这类情形在对外汉语教学中都不应忽视。

(选自《中山大学学报》(社会科学版) 1996 年第 6 期,作者:周小兵,略有改动)

三 写作知识

为了使毕业论文各段之间的衔接流畅自然，整篇论文层次清晰，结构严谨，逻辑顺畅，往往需要在论文的语段连接中运用一些用来过渡和照应的特定的语言形式。

（一）毕业论文的过渡

毕业论文的语段连接主要就是指论文段落与段落或层次与层次之间的衔接形式或手段，也就是过渡的形式或手段。常见的过渡形式或手段有四种：

1. 借助关联词语。如"因此"、"由此观之"、"然而"、"但是"、"总之"、"综上所述"等，这类关联词语一般放在段首或句首。
2. 过渡句。即起承前启后、过渡搭桥作用的句子，它一般放在两个需要过渡的语段或层次之间。
3. 过渡段。它的作用与过渡句相同，位置也一样，只是它自身还包含一些较为具体的内容（如概括上文的意思、提示下文的内容等）。有时过渡段是一句话，那么这样的过渡段同时也是过渡句。
4. 用序号或相当于序号的词句。在段首标上"一、二、三……"之类的序号，或用"首先"、"其次"、"还有"、"最后"等词语。这种过渡方法在毕业论文写作中比较常用。

撰写毕业论文在以下两种情况下往往使用过渡。一、论述的内容重点或论述的角度发生转变时要使用。这种转变可以表示为上下文之间的多种关系，如承接、转折、递进、因果等。二、由分论到总论、由总论到分论，或是由这个问题的论述转到另一个问题的论述时，也要使用过渡。

（二）毕业论文的照应

照应是指文章的上下文相互配合呼应。上文写到的内容，下文要有着落；下文写到的内容，上文应有提示和埋伏。照应能帮助读者了解论文的脉络和层次之间的内在联系，同时，还可以使文章结构严谨。常用的照应方式有四种：

① 首尾照应。文章开头提出的问题，要在结尾做出回答。这种照应方式用得非常普遍。
② 前后照应。行文后边对前边的伏笔、悬念进行呼应，就是前后照应。
③ 标题和内容照应。文章内容始终围绕标题展开论述，不离题，不跑题。
④ 文章的语句或词语显示文章的线索和逻辑层次。

（三）过渡和照应常用的语言形式

① 表示并列关系的语言形式

  在……方面，在……方面　　　　一方面……，另一方面……
  第一……，第二……
  在……上（在广告策略的运用上、在描写手法上、在情节结构上……）
  首先，其次，再次，最后　　　　同样地……
  同样重要的还有……　　　　　　除此（除了……）之外，还有……
  此外　　　　　　　　　　　　　另外

例：

(1) 我们的调查显示，学习者混用"不"和"没"主要表现在两大方面：**第一**是任意用"不"来否定过去时间的行为动词，来表示学习者所认为的主观意愿；**第二**是误用"没"来否定跟过去有关的认知心理类动词。

(2) 在韩国，人们更喜欢以材料给酒命名。笔者认为这里有两种原因。**首先**是客观原因，即人们可以通过酒的名称中的材料因素来了解酒的口味或功效，**其次**是文化历史的原因……

② 表示转折关系的语言形式

  虽然……但（是）/可是/却　　　　尽管……但（是）/还是/却
  相反　　　　　　　　　　　　　　反之

例：

(1) **虽然**这次实验并不严格，很多因素未加严格控制，测试题目仅为15题，**但**实验结果对我们还是有一定的启发。

(2) 在跨文化交际中，恰当地运用修辞格，可以提高语言表达效果，**反之**，就有可能构成交际障碍，造成误会。

3 表示递进关系的语言形式

不仅……，而且……　　　　　　　　不但……，而且/还……
尤其……　　　　　　　　　　　　　特别……

例：

(1) 餐馆店名实际上被三分为特选名、特色名和通名，这三部分**不仅**组合顺序有先后之别，**而且**在音节选择、词汇语义选择以及文化反映上都各有特色。

(2) 这五个题型都属于比较传统的题型，在每一本教材里出现的频率都很高。**特别**是在《A上》和《A下》的练习中，只出现了这五个题型。

4 表示探讨原因的语言形式

（因为）……，所以……　　　　由于……因此（因而）……
之所以……是因为（原因就在于）……

例：

(1) 他认为**之所以**要用比喻，**是因为**一个生动形象的比喻要比一大串形容词来得简洁有力，而且能够给予读者以更深刻的印象。

(2) 创作广告的目的就是为了推销产品，促进销售，**所以**广告创作者会采用各种各样的办法来吸引消费者。

5 表示比较关系的语言形式

比较而言　　　　　　　　　相比之下
相对而言……

例：

(1) **比较而言**，L的社交能力比M强，思维活跃，课后常跟中国朋友说汉语；而M课后使用汉语的机会不多，但学习很认真。

(2) 中韩化妆品广告都比较重视情感因素，**相比之下**，韩国的化妆品广告在情感诉求上比中国更细致、更丰富。

6 表示总结的语言形式

总之　　总而言之　　　　　总的来说　　　　　综上所述
从……可以看出　　　　　　通过以上分析，可以看到……
可见　　　　　　　　　　　由此可见

例：

(1) **总的来**说，越南的广告语较少使用修辞手法，修辞手段没有中国的广告语那么丰富。

(2) **总之**，通过本文中泰动物成语的比较研究，我们可以进一步了解两国之间的文化渊源与差异。

四 范文

论女性商品广告的语言运用策略

> 阅读时，请注意正文中变色的黑体字，并思考论文过渡、照应的方式。

做广告，最重要的就是解决该产品"要做什么，是给谁用"的问题，即给产品进行市场定位的问题。女性商品有着明确的产品性别定位，其广告制作必然会考虑女性特有的心理需求、言语习惯以及当今社会对女性的认知，并在广告的语言、形象、色彩等各个层面上加以具体落实，使其具有鲜明的女性化风格，以满足女性的各种需求。本文主要通过对当下知名女性商品广告的考察研究，探讨女性商品广告在文案创作中较常运用的有针对性的语言运用策略，并尝试从心理学、社会学的角度对其成因进行分析。

一 强化情感因素，注重感性诉求

按照诉求的不同，广告可分为以理性诉求为主的理性广告和以感性诉求、劝说为主的感性广告。前者重在提出事实根据或进行产品性能比较，通常是展示商品的事实性信息；后者则注重受众的情感反应，充分考虑受众的情感需要。前者直截，后者含蓄。当今广告一般都重理性诉求轻感性诉求，尤其是面向男性的商品广告更是如此。但在女性知名商品广告中，绝大多数广告语都有意识地运用了温柔动听、富有感情的劝说方式，感性广告占据了

绝对的优势地位。即使是少量的展示事实性信息的广告，也不忘在其中融入感性信息，使其成为情感与理智相融合的混合型广告。

女性商品广告语的感性诉求方式主要体现为两种手段：

首先是在具体细致描述商品特性的同时，大量运用比喻、拟人、通感、对比等修辞手法，营造一种美好、浪漫、温馨、富有诗意的超现实氛围，以此来赢得女性心理和情感上的认同。例如在下列广告词中："以前是衣服挑我，现在是我挑衣服"（奥思减肥用品），"1分钟，冰镇的肌肤会雀跃"，"夏日肌肤的小'凉'伴，沐浴后一抹，舒爽、柔滑、清香，就像大热天吃一口冰淇淋，全身凉快到底"（雅芳护肤品），"梦寐以求的柔滑肌肤，肌肤表面如丝般柔滑，肌肤深层加倍水嫩"（LG美容用品），"来享受一下海绵般持久稠密的泡沫吧"（资生堂护肤品），分别运用了对比、拟人、通感和比喻手法，对商品的效用作了非常具体的绘声绘色的描绘，比起详细介绍商品的化学成分等理性诉求方式，这种手法显然更易打动女性受众的心理。

其次是突出情爱、美貌、年轻、快乐、激情、自由、幽默等情感因素，以在心理上打动女性受众，并最终获得她们的关注和好感。如兰蔻护肤品广告语"再也没有瑕疵，无论任何角度，我的肌肤都纯美白皙，任意角度，一样白皙绽放"，以强调的句式突出了女性的美貌；自然堂护肤品广告词"延长你的花期"则以花喻人，强调了青春对于女性的宝贵；而伊伴服饰的广告词"与其慢慢变老，不如E.BLAN和你燃烧"，则在对比中抒发了女性对激情的渴望；雅芳护肤品的广告语更是技高一筹，"毛孔让你变成'草莓脸'了吧？""皮肤就像'风干的葡萄'了吧？""你的脸部'泄气'了吗？"连用三个问句，既表达了对女性受众的关心，又以夸张幽默的口吻反复刺激女性受众，自然会引起爱美女性对自身皮肤和面容的关注。

女性商品更偏爱感性广告的原因，可从两个层面加以分析。

其一，就美容化妆品、服饰、香水等大多数女性商品而言，其售卖的不只是商品的实用价值，还有附加在品牌之上的精神价值。女性购买这些商品，并不仅仅是生活上的客观需要，更多的还是为了弥补真实生活中的不足和缺憾，愉悦自己的人生。也就是说，她们的消费动机不是务"实"而是务"虚"的。因此，这类商品广告文案的写作自然也就应当"避实就虚"或"轻实重虚"了。

其二，有关研究表明，与男性消费的理性、关注商品的技术与功能特点等实用信息不同的是，女性消费具有较强的感性色彩。心理学家认为，女性的心理比较细腻，偏重于情感，形象思维较强，那些表现爱、亲情以及温馨、美丽动人的广告更容易被女性接受。因此女性商品广告文案创作时走情感路线，自然更易引起她们的关注，得到她们的认同。

二 运用第一人称叙事，展现谈话语体风格

叙事角度是指作者进行叙述时所采用的口吻或立足点。现代文案创作中，叙事角度的选择和运用发挥着重要作用。同样一条广告信息从不同的角度来叙述，会引起受众产生不同的心理感受，直接影响到广告效果的优劣。在女性商品广告文案中，一个显著的特点就是消费者以第一人称的口吻来叙述和介绍有关产品的信息，也就是消费者以"我"的口吻叙述使用产品前所遇到的困惑，或使用产品后所体会到的产品的好处和利益。依据"我"的身份不同，可分为三种情况：

（一）影视女星第一人称叙事

如SK-II由郑秀文代言的广告词："这么多年来，我一直在用护肤品，朋友都很好奇，为什么用一样的护肤品，但是皮肤总没我那么晶莹剔透。因为我有秘诀——就是多用了神仙水这一步，令我白又白过人，滑又滑过人，我的脸当然更加晶莹剔透喽！"

（二）无名氏女性第一人称叙事

如玉兰油的广告词就是由一位无名美女说出的："以前，净白的肤色，不是在脸上昙花一现，就是久久不兑现，现在，我终于发现，原来只用五天，脸上就能绽放持久的净白。秘密就是OLAY玉兰油净白莹采面膜，它含五重净白成分，连用五天，肌肤变得更水嫩透白。想不到，完美的净白再也不是遥远的梦想，我现在就轻易拥有了！"

（三）普通女性代表第一人称叙事

如雅芳护肤品广告词以某位22岁陈姓女大学生的口吻说道："以前最怕的就是上游泳课了。倒不是游不好，只是一身黑黑的肌肤，总是在漂亮的泳装下显得很难为情。我想不通，为什么我脸上那么白，身体却这样丢人？现在用了雪肤身体乳液，最先的感觉就是皮肤变得嫩滑，再也不粗糙了。虽然还未彻底变白净，但是皮肤看上去很健康、动人。"

以上第一人称叙事在语言组织上力求体现谈话语体特色。这类语体，句子结构偏短，讲究语言的抑扬顿挫，多注意使用通俗词语、语气词、叠音词，表达效果形

象生动、风趣明快。它在传递广告信息上的好处是明显的。它易产生亲近感，可使受众进入广告人物的内心，直接接触她的想法，并可通过她的经验和眼光来打量商品，在促使受众产生亲近感的同时，也增强了信息的真实性和可信性，提高了商品的认同感。

相对于男性商品广告，女性商品广告文案之所以更多地采用第一人称叙事方式，呈现谈话语体特征，是为了迎合女性的心理特点，满足她们的心理需要。首先，女性作为一个性别群体，一般比男性更具有亲和力，对人对事的态度更易受到他人影响。在广告中采用第一人称"现身说法"的叙事角度对女性消费者无疑具有更强的暗示性和吸引力；其次，与书面语体相比，运用谈话语体既可体现第一人称的真实性，在表达上也显得更轻松活泼、自然风趣，由此更贴近关注世俗生活、注重生活情趣的女性消费者的心灵，能收到更好的广告效果。

三　坚持时尚为表、传统为里的用语特色

广告从来是时尚的制造者和推动者，这一点在女性商品广告中毫不例外。

首先，知名女性商品的广告语在用词上突出时尚、新颖：一些社会流行用词频频出现，如蕾圣娣（Reciente）的广告词"艳唇迷情、酷彩、润唇、炫、炫、炫"，其中的"酷"、"炫"正是当代的时尚用语；一些高科技词汇充满字里行间，如雅诗兰黛美容品的广告词"数码美白，光速启动，迅捷，智能，震撼"，其中的"光速启动"、"数码美白"等高科技词语显然增加了广告的时髦度，也增加了受众对商品的科技崇拜。此外，中文夹带英文的"三明治"式词汇也不少见，还有的则更直截了当地将国外的用词直译过来，硬生生地放入中文语境之中，如雅芳在为旗下香水作广告时使用了"穿香"这个词，即是将英语中的"wear"直译过来的，因为英文中涂香水的动词是wear。所有这些做法除了标识这些品牌的不凡出身之外，还有意无意间炫耀了自身国际化的不凡品味。

其次，在女性商品广告语所承载的内容里面也不乏时尚要素。类似于"我有我选择"句式的风行，自由、个性、自信、激情等张扬自我的词汇频频出现。典型的个案如DTC钻石"煽动"系列广告词"都是钻石惹的祸，自己看自己也会上瘾"，在此语境中女主人公似乎成功地摆脱了千百年来"被看"的命运而转为兴高采烈、扬眉吐气的"自赏"了。《新周刊》对此的评价是，突破传统"女为悦己者容"的概

念模式，以都市女性的自立和自恋为基本诉求点，为女人性别意识的扩张提供了时尚和消费的合理证词。

以上种种因素共同打造出一个个看上去意气风发、个人主体意识高涨的女性形象，是完全不同于柔弱、内敛、含蓄、温和的中国传统女性的时尚女性的形象了。但在时尚的背后，我们感觉到的依然是传统的理念。

一方面，在大量的高端女性商品广告中，描述女性青春美貌的用语比比皆是，如单由"白"充当关键语素构成的合成词就有"莹白、亮白、嫩白、净白、美白"。另外有一些词语常作为比喻的喻体活跃其中，如"冰、雪、水、丝"等，多用来形容女性肌肤的质地和容貌的美丽。这些用语反复向受众告知的就是：外表美是衡量一个女性社会价值的唯一标尺。法国曼思贝丹护肤品为其广告代言人——香港一当红女明星设计的广告词是"为美丽肌肤作永恒的投资，我当然会选最好"；法国娇韵诗美容用品广告词是"与娇韵诗共享美丽人生"，只因为它可以让"海绵组织统统跑光"；曲美减肥胶囊的广告词是"美好人生，从曲美开始"。以这三条广告为代表的女性商品广告词的潜台词即是，女性存在的价值与她的可观赏性成正比。

同时，我们也感觉到，在那些张扬新时代女性个性的女性商品广告中，女性主动自信的姿态是经不起推敲的。前面提到的DTC钻石系列广告语表面上是张扬了女性的自我欣赏，但画面中那个在她身旁被她迷倒的男士却以他的存在完全扭转了对语言的解读，那就是，没有他的"看"，她的"自赏"是毫无意义的，她依然牢牢处在被男性观赏的境地。兰蔻护肤品广告语"无论何种光线、何种角度，看得见的唯有剔透自然的白皙与自信"，女性获得自信的前提不是像男性一样来自个人的能力与对自己的努力提升，而是源自皮肤的"白皙"。欧米茄女表的广告语宣称"温柔擒纵他的心——你的命运你擒纵，在分分秒秒中巩固自己的璀璨磁场"，暗示女性所谓掌控自己的命运就是要掌控某位男人，女人的自立恰恰在于她的依附。

由此可见，在女性商品广告中，时尚前卫的用语传递的却是与之不相适应的古老而传统的声音。对此，我们无法去谴责广告人对女性的"傲慢与偏见"，因为广告对女性形象所持的价值判断，其着眼点主要不是生理性别，而是社会和文化性别。众多女性商品广告对女性社会价值的过于一致的认识，并不只是广告题材、内容与形式上的雷同，更多的是一种文化上的认同。广告中的女性形象既是现在时，符合当代人的认知，同时又是过去时，有着根深蒂固的文化传统积淀，是一种历史与现实相结合的产物。因此，女性商品广告中的女性表面上可能是前卫的、时尚的，但骨子里依然摆脱不了千百年来对男性的依附与屈从。它们表面上体现的是女性对自身形象的自我期待，迎合了女性爱美求美的心理，就深层来看却是表现了男权文化对女性角色的期待以及对女性形象的塑造。

以上分析表明，从女性自身的心理特征和大众眼中的女性印象出发，与男性商品广告更多地采用全知视角和理性冷静的诉求方式不同，当前女性商品广告语大幅度增加了第一人称的叙事角度和充满煽动力的感性诉求方式，它们对准的焦点不是女性的认知而是她们的情感，目的是在"我"娓娓而谈的诱导下引起女性受众情感上的共鸣，激发其消费动机，最终完成消费行为。与此同时，透过女性商品广告语表层的时尚包装，我们也不无遗憾地看到，其里层包裹着的却是传统意义上的对女性群体的社会期待，即女性的社会价值基本上取决于她外在的可观赏性。

（选自《中北大学学报》（社会科学版）2007年第5期，作者：詹秀华，略有改动）

五 练习

（一）请把以下表示过渡与照应的词语或句式填入下面几段文章的空格中。

一方面	另一方面	在……方面	首先
其次	除此之外	另外	因此
之所以	是因为	不但	而且
而	但是	反之	可见
可是	总的来说	相对来说	通过以上分析

材料一

为了避免以上偏误，我们要加强汉韩对比研究，重视对比研究成果在实际教学中的应用，_____①_____要编出具有针对性的教材、参考书及工具书，_____②_____要在具体教学中充分发挥韩国学生学习汉语词语的优势，扬长避短。_____③_____，近义词的辨析要注意针对性，避免过去一刀切的做法，词语教学中还要注重语素的解释和搭配习惯的说明。

材料二

留学生的语音偏误表现在两个方面：听觉方面和发音方面。____①____，人的听觉反应和语音识别的能力是跟发音能力联系在一起的。一般来讲，前者先于后者，敏感的听觉可以影响发音的正确程度，____②____，发音能力的形成和巩固又会对提高语音识别的能力发生作用，使人们易于听辨自己能发的音，并通过发音生理的反馈识别自己不能发的音。____③____，听觉与发音又有相对独立的发展倾向。在第二语言语音学习的开始阶段，因为母语发音习惯的影响，学生对一些能听辨出的音不一定都能发出来。

材料三

____①____，我们可以发现韩国现代汽车在中国推出的汽车广告与在中国销售排名前十的中级轿车的广告之间存在很多相似点。这表现在以下几方面：较少使用外来词和英语词汇；适当地运用四字词语；将先进技术作为主要的诉求点；在广告中突出一个诉求点；巧妙地使用夸张、排比等修辞手法，以增强广告的表达效果。这从一个侧面反映出韩国现代汽车在中国推出的广告符合中级轿车广告的特点，谓之"得"。

但是，通过比较我们也可以发现，韩国现代汽车在中国推出的广告没有像其他中级轿车一样展现其产品精神、乘车感和安全性等方面的诉求点。事实上，对消费者而言，乘车的舒适感和安全性是其考虑的重要因素之一；对企业来说，在竞争激烈的汽车市场，要想站稳脚跟，就需要突出其企业理念以及其产品所蕴含的精神。____②____这些则是北京现代汽车广告所缺失的，谓之"失"。

____③____，现代汽车在中国推出的广告还是比较成功的，现代起亚汽车在华销量一直保持稳定增长也在一定程度上得益于其广告效应。

材料四

在中国，"红"是非常重要的文化元素。

____①____，在生活中，人们非常喜欢用红色。春节的时候家家户户都要贴用红纸写的对联，大人给小孩子的压岁钱都用红纸包好，称作"红包"。传统的中国婚礼上，人们常用红色装饰新房，新娘要穿大红衣裳，盖大红盖头，新郎要披红绸带，戴大红花。____②____，凡在汉民族的喜庆活动中，如婚宴、生日、寿礼等仪式中，红色都被认为是一种吉祥色。

中国人　③　崇尚红色，　④　觉得红色与"五行"中的"火"相对应，能给人们带来温暖和光明，能赶走一切不好的东西，给人带来好运。

　　⑤　，中国人对"红"的喜爱还表现在由红色构成的词语里。在汉语里，与红色有关的词语经常是褒义的，这些词语有的象征事业的兴旺与成功，如"开门红"、"红火"；有的表示受欢迎、受重视，如"大红人"、"走红"等。

　　⑥　，红色还有一种象征意义，就是革命，正义或政治觉悟高等，这是近代以来产生的意义。在革命战争时期人民的军队被称作"红军"。共产党的政权被称作"红色政权"，革命根据地被称作"红色根据地"。建国后中国的国旗被定为红色，少先队员的红领巾也是红色的。

材料五

最令留学生头疼的是，如何正确称呼服务行业中的中年妇女（像售货员、服务员等）。过去，中国不管男女老少，一律以"同志"相称，倒也简单省事儿；以后，"师傅"的称呼广为流行，大家相互称呼起来，也没有什么不便和误会。随着中国的改革开放和与国际接轨，一时"先生"、"小姐"的称呼随处可听。　①　"小姐"这一称呼语确实也给人们带来了不便和尴尬。我们知道，对于男性，无论年纪大小、结婚与否，一概可以使用"先生"一词，　②　对年长的男性，还可以称为"老先生"以示尊重。对于女性来讲，"小姐"这一称呼语则应有严格的范围。　③　，"老小姐"一词是万万使不得的，它绝不是和"老先生"一词相对的，因为"小姐"一词主要用于指未婚的女性；而"老小姐"一词则有批评人之嫌——它包含着指责人家嫁不出去之意，　④　绝对不可随便乱用。　⑤　，现在许多特殊的行业对服务者专称"小姐"，如"三陪小姐"等，鉴于此，许多中年女性和未婚年轻女性都不喜欢被人称为"小姐"。这无疑又给留学生正确使用称呼增加了难度。而"女士"通常是和姓连在一起使用的，决不能直呼"女士"。

材料六

"一本教材能否受到学习者的欢迎，课文内容和语言起着举足轻重的作用"（赵金铭，1997）。教材所选用的语料应具有科学性、实用性、通用性、持久性、知识性和趣味性，缺一不可。

在语料的实用性、持久性和知识性　①　，这几套新教材都做得比较好，但通用性和趣味性还不能令人满意。比如，这三套教材反映中国社会文化的语料都比较多……。反映中国社会文化的题材是不是越多越好？有人曾对此做过调查，发现对于反映中国当代社会生活和传统观念的文章，学生的意见相当不一致，具有文化特色的文章并不必然具有趣味性（刘颂浩，2000）。在我们的调查中，56.8%的学生希望课文的内容是多方面的，只有19.5%的学生要求课文主要是介绍中国社会文化的，6.8%的学生对反映中国社会文化的课文不感兴趣，还有16.9%的学生对课文的内容持无所谓的态度，只要能学到知识就行。

　　____②____，学生的兴趣是有差异的，也是多方面的，如果把课文题材局限于某一方面，将直接影响到教学的质量和学生的兴趣。____③____，教材的编写一定要坚持通用性原则，题材要广泛，避免同一主题的内容过多，不仅要有反映中国的内容，同时也应有反映世界各国普遍关注的内容，如人生、婚姻、家庭、健康、科技、环保等，才能适应学生多元化的要求，扩大适用范围。

　　____④____，在语料的选取上，应特别注意追求体裁和风格的多样化，如果都是平铺直叙、风格单一的记叙文，就会令人觉得乏味。____⑤____，《精读》的题材更为广泛，体裁和风格更为多样，有通讯报道、随笔散文、杂文小品、诗歌小说、科技论文，或严肃庄重、或风趣幽默、或轻松自然、或富于哲理。因此趣味性更强一些。

（二）从本教材中选择一篇论文，找出文中表示过渡与照应的地方。

（三）预习：阅读一篇论文，并思考该论文在结构和内容方面有哪些优点和不足，以及论文给你的启发。

第七课　读书报告

一　学习目标

（一）了解读书报告的意义和撰写内容。

（二）能把握一篇毕业论文的要点，并用自己的语句概括出论文的主要内容。

（三）学会分析和评价一篇论文，并将阅读论文之后的感想、疑问和个人见解准确清晰地表达出来。

二　阅读与讨论

（一）三人一组，说说自己阅读某篇论文之后的收获或得到的启发。

（二）教师选择一份学生已经学习过的论文结构提纲，引导学生讨论如何用一段完整的文字把提纲的内容表达出来。

三　写作知识

（一）什么是读书报告

　　读书报告是读完书后的心得报告。它要求写作者对某本书或某类书进行认真研读，经过充分理解吸收，然后用自己的语言重新组织整理，将书的主要内容概括出来，并加以分析评论，说出自己的见解。写作读书报告必须具备两个必要条件：

❶ 要读书。没读书，信口开河，言之无物，不能称为读书报告。

❷ 要有心得。要表达出自己对作品的看法、观点以及读书后的感受、收获。

读书报告是一种非常有用的实用体裁，它可以帮助我们记录学过的知识并提高我们的概括能力、分析能力和评判能力。

为了顺利地完成毕业论文的写作，留学生应该专门练习写作读书报告。由于受语言水平及其他因素的限制，留学生很难读懂一部用汉语写作、比较学术化的专业著作。因此，学习者可以先从读论文入手，通过反复阅读他人的学术论文，逐步熟悉毕业论文的结构框架，掌握毕业论文写作的基本要求，理解论文的逻辑层次，体会学术的奥秘。在此基础上，学习者还要通过报告的形式将论文的主要内容概括出来，并对论文进行分析和评价，这样的训练不仅能帮助留学生提高汉语写作能力，而且还能提高学生的理解、概括与分析能力，为今后的毕业论文写作打下良好基础。

（二）读书报告的写作内容

读书报告是读完一篇论文之后获得的收获及感想，大致由以下四个部分组成：

第一部分　论文的概况：论文名、作者及内容概要。

第二部分　论文的结构框架及各部分的观点或主要内容。

第三部分　心得体会。

1. 对论文的评价：如论文在表达、处理及结构安排等方面的特点；论文的精华部分或个人最喜爱的部分。

2. 读完论文后的收获，即论文对你有何帮助、启发及思考。

第四部分　总结。

以上内容中，第二部分和第三部分是读书报告的重点，需要多花费心思来写。第二部分是对文章内容的概括，需要把握论文的要点，并用自己的语句重新组织，逐一介绍论文各部分的重点，要做到简练、清晰、内容完整，切忌东抄一句，西抄一句。第三部分主要谈个人的见解、观点。要抓住你最有感受、最有心得体会的几点来谈，谈得深入、集中，以求给读者留下比较深刻的印象。从篇幅上来讲，这两部分应该大体相当。

（三）写作读书报告的注意事项

1. 阅读论文时，要画出论文各部分的观点和重要语句，写出自己阅读时的感想、疑问和见解。论文看完后，把自己画出来和写出来的那些文字再浏览一次，体会论文的研究方法、研究内容和中心论点，寻找自己可以发挥或重点要分析评论的地方。
2. 要认真理解和概括论文的内容。原文可以作为举例加以引述，但不宜太多，更不要照抄原文，否则读书报告就变成了东拼西凑、人云亦云的文字。
3. 要合理安排读书报告各部分的篇幅。对论文内容的介绍，篇幅不宜超过整篇报告的二分之一。好的读书报告应以写报告人自己的意见为主要内容。
4. 对所读论文的评价要有自己的见解和感受，避免公式化的赞美之词。由于写读书报告的人知识水平往往逊于作者，要能指出一篇论文的缺点，而又能言之成理，使人信服，实在并非易事。但不容易并不表示不可以这样做，如果做得到，这篇读书报告会更容易得到欣赏。
5. 应该用客观、平实的语言撰写论文类读书报告。阅读学术论文后写作的读书报告，要注意写作时不要带个人的感情色彩，要以平实、客观的方式叙述，少用"！"与"？"。

四 范文

范文一

读论文《"常常"和"通常"》

最近我阅读了一篇由周小兵教授写作的论文《"常常"和"通常"》。在这篇文章里，他从留学生学习的角度出发，用大量的例句，通过对比分析的方法，考察了"常常"和"通常"在语法分布上的区别以及在意思上的差异。论文虽然研究的是复杂的语言现象，但写得清楚明了，很容易理解。通过阅读，我不仅进一步明确了"常常"与"通常"的异同，而且对论文的写作要求和

> 这一部分写了什么内容？

写作方法也有了一定的了解。

论文除了开头的引言和最后的结论外，主要包括两大部分的内容：第一，分析"常常"和"通常"用在谓词前面时的异同点；第二，分析"常常"和"通常"用在时间词前后的异同点。

> 文章的第二部分包括哪几段？

在引言部分，作者通过两组例句说明《现代汉语词典》里对"常常"和"通常"的释义不能很好地解释外国学生使用这两个词时出现的病句，因此论文的研究重点就是考察这两个词在用法上的区别。

接下来，论文从两大方面分析"常常"和"通常"在用法上的异同点。

首先，考察这两个词用在谓词前面的情况。作者通过例句说明"常常"可以跟单独的谓词组合。可以跟动宾离合词或动宾词组结合，而"通常"一般不行。不过，当主要谓词前面有表示方式、地点等意思的词语时，"常常"和"通常"都可以用，只不过句子的语义重点略有不同。

接着，作者又从时点词和时段词这两个角度对"常常"和"通常"用在时间词前后的情况进行了考察。通过对大量例句的分析，作者指出"常常"和"通常"都能放在时点时间词前面；在时点词后边出现时，如果用于一般情况，两个词都可以，但用于过去的情况，则一般不用"通常"。跟时段词搭配时，"常常"和"通常"都能放在时段词前边，但意思不同，而且当时间所表示的客观时段比较长时，"常常"的使用要受到限制。

在结论部分，作者用简洁概括的语言说明了"常常"和"通常"在意思上的差异以及使用上的区别。

"常常"和"通常"是我很早以前就学过的词语，但我并没有真正弄清楚这两个词在意思和用法上有什么不同，以为这两个词是完全相同的，所以使用时喜欢用"常常"，有时也会说出论文中所列出的一些病句，例如"他通常迟到"，而自己却并没有意识到自己用错了、说错了。通过阅读论文，我才知道自己以前将"通常"跟"常常"混在一起了，看来以前的学习是很不扎实的。现在我明白了,"通常"跟"常常"不一样,它表示行为、时间在一般情况下有规律、有条件地发生,所以用"通常"的时候,句子里一定要有表示时间、地点、方式等意思的词语,它不能只跟一个简单的动词一起用。希望今后我能正确地使用"常常"和"通常"。

另外,在阅读这篇论文之前,我还没有接触过分析语言现象的文章。我发现,这样的文章跟我以前写的作文和看的文章有着很大的不同。老师告诉我们,这就是学术论文,学术论文就是对某一专业领域中的某个问题进行科学研究探索的论说文,一般包括引言、本论和结论几部分,学术论文的语言一定要简洁明确,要运用书面语。阅读这篇论文后,我对学术论文的这些特点有了一个直接的认识。我还发现,写语言类的论文,需要举出大量的例句并对这些例句进行分析,这样可以增强论文的说服力,读者也能很容易地明白作者的意思。除此之外,我还学会了一些有关论文写作的小知识,例如,"*他通常迟到"这个句子,前面要用"*"号表示这个句子是病句;论文可以有很多小标题,标题前面要有数字序号,这样看起来层次才清楚。

> 文章的心得体会部分包括哪几段?写了什么内容?

总之,这篇论文不仅让我了解了"常常"和"通常"的区别,而且为我今后写作毕业论文提供了很多启示。我知道,要想写出一篇完整的带学术特色的论文,没有扎实的语言工夫和研究分析能力,是绝对不可能实现的。

范文二

《论女性商品广告的语言运用策略》之读书报告

在老师的指导下,我读了《论女性商品广告的语言运用策略》这篇文章。该文的作者是詹秀华,她对当今女性商品(尤其是化妆品)广告语言运用的策略及其原因进行了分析和研究。读完这篇文章之后,我基本了解了女性商品广告语言运用的策略。

> 这篇文章由哪几个部分组成?

这篇文章包括引言、本论和结论三大部分，本论又由三部分组成。

作者在引言部分说明了选题的意义，认为女性商品广告在制作过程中必须考虑女性特有的心理需求、语言习惯以及当今社会对女性的认知。因此，作者对当下知名女性商品广告进行集中研究，从中探求这些广告中较常运用的有针对性的语言策略，并尝试从心理学、社会学的角度来进行分析。

这篇文章的本论部分从三个方面着重阐述了女性商品广告的语言运用策略及其原因。

作者在本论第一部分论述了女性商品广告语言强化情感因素、注重感性诉求的策略。文章主要从两个方面分析了这一策略。首先是具体细致地描述商品特点，并大量运用比喻、拟人、通感、对比等修辞手法来获得女性心理和情感上的认同。其次是突出情感因素，力求在心理上打动女性受众，并最终获得她们的关注和好感。在这一部分，作者还从两个方面对女性商品更偏爱感性广告的原因进行了分析，即：第一，大多数的女性商品售卖的并非是商品的实用价值，而是附加在品牌之上的梦想。第二，女性消费具有较强的感性色彩，那些表现爱、亲情以及温馨、美丽动人的广告更容易被女性接受。

在本论第二部分，作者从影视女星第一人称叙事、无名氏女性第一人称叙事及普通女性代表第一人称叙事这三个方面，举例论述女性商品广告运用第一人称叙事、展现谈话语体风格的语言特点。作者认为，在女性商品广告文案中，让消费者以第一人称的口吻来叙述和介绍产品的信息，能促使受众产生亲近感，同时增强信息的真实性和可信性，提高商品的认同感。采用这一策略的原因也是为了迎合女性的心理特点，满足她们的心理需求。

在本论第三部分，作者论述了女性商品广告坚持时尚为表、传统为里的用语特色。一方面，知名女性商品广告语无论在用词上还是所承载的内容上都充满了时尚要素；另一方面，在大量女性商品广告中，描述女性青春美貌的用语比比皆是，女性依然处在被男性观赏的境地。可以说，在女性商品广告中，时尚前卫的用语传递的却是与之不相适应的古老而传统的声音。

最后，作者通过前面的分析得出了结论：当前女性商品广告语大幅度增加了第一人称的叙事角度和充满煽动力的感性劝诉方式，其目的是激发女性受众的消费动机，最终完成消费行为。而透过女性商品广告表层的时尚包装，我们可以看到女性的社会价值取决于她外在的可观赏性。

读完论文，我个人认为这篇文章的优点主要有以下两个方面：

首先，这篇文章逻辑思维清晰，结构层次分明。作者从三个方面探讨了女性商品广告的语言运用策略，有的部分还运用了"首先"、"其次"、"其一"、"其二"、"一方面"、"同时"等词语，清楚地显示了文章各层次之间的关系。

其次，论文论据丰富，作者能从多角度阐释自己的观点。为了充实文章的内容，使文章的观点更有说服力，这篇文章列举了大量的女性化妆品广告词实例，然后进行针对性的分析，这说明作者的结论是基于大量的事实论据而得出的。同时，论文为了增强说服力，还从社会学和心理学等角度对实例进行多方位的分析论证，这样不但能让读者清楚地了解论文的主要观点，而且很容易认同、支持作者的观点。

> 作者主要写了哪些心得体会？

这篇文章虽有很多优点，但我认为还存在不足之处，我对作者的一些看法持不同意见。文章指出现代女性商品广告语仍未摆脱传统的观念，也就是说，社会以美貌为标准衡量一个女性的价值，或者说女性美丽的价值只在于给男性欣赏。但是我认为，作者这篇文章主要分析的女性商品只是化妆品。化妆品本身就是让女性更加美丽的产品。广告为了突出它的自身价值和存在理由，必然会侧重美丽对女性的重要性，因此这不能证明女性商品的广告仍未能摆脱传统观念的束缚。而且，人类使自己的外貌更加美丽，从根本上来看，是想向异性炫耀自己的魅力，因此这也不涉及到男女性别歧视的问题。

另外，从文章的内容来看，我认为这篇文章的题目应缩小范围。因为文章中所举的女性商品广告例子几乎都是化妆品，所以标题改为"女性化妆品广告的语言运用策略"更为合适。

除此之外，在这篇文章中，作者采用了对比的论述方法。但基本上都是一句话点到而已，我认为如果能与男性商品广告做深层的比较，会更能突出女性商品广告的独到之处。

总而言之，这篇文章很好地阐释了当今女性商品（主要是化妆品）广告语的特点，为今后的相关研究提供了很好的范本，也

启发我在日后的毕业论文写作中,要注意文章论述的内容要与主题紧密结合,结构层次要清晰严密,论述的方法要合理得当等诸多问题。

 **五 练习**

（一）阅读本课范文，然后谈谈你对读书报告的认识。

（二）从本教材中选择一篇论文进行阅读，并按读书报告的要求写出这篇论文的主要内容和观点。

（三）请说说你曾经阅读过的论文对你有什么启发，你从中得到了什么收获。

（四）阅读本教材中的一篇论文或自己搜集到的论文，并写作一篇完整的读书报告（字数为1000字左右）。

（五）预习：搜集一些论文的引言，并思考论文的引言写什么、怎么写。

第八课　毕业论文的引言

一　学习目标

（一）了解毕业论文引言的写作内容。
（二）掌握毕业论文引言的写作方法。

二　阅读与讨论

（一）两人一组，交换阅读各自搜集到的论文，找出并分析论文的引言部分。
（二）阅读下面的论文引言，分析引言的写作内容和句式特点。

1. 日汉对应成语对比研究

汉语成语大多来源于历史典故，并由四字构成，用简洁的形式表达丰富的内容，使得语言简洁含蓄，富有韵律。自古以来，成语不仅成为汉语词汇的重要组成部分，还作为外来语借入日语。本文以现代日语常用成语为例，对源于汉语的日语成语和与其相对应的汉语成语进行对比研究，探讨汉语成语日语化过程中的结构特点及其文化心理动因。

（选自《语言教学与研究》2004年第3期，作者：郑丽芸）

2. 韩语汉字词对学生习得汉语词语的影响

众所周知，韩语词汇里存在大量的汉字词，这些汉字词对韩国学生习得汉语词语有没有影响，都带来什么样的影响，他们习得汉语词语时这些汉字词究竟起多大的作用？为了了解以上情况，我们针对在北京语言大学学习的本科三年级60名韩国留学生进行了一项调查。下面根据这项调查及平时教学中发现的一些问题，探讨韩语汉字词对学生习得汉语词语的影响以及教学对策。

（选自《世界汉语教学》2006年第1期，作者：全香兰）

3. "进"类趋向动词的句法、语义特点探析

"进"类趋向动词包括"进"、"进来"和"进去"。与其他趋向动词相比，学术界对这类趋向动词没有什么专门研究，据笔者所见，只有刘月华（1998）的有关章节、吕叔湘（2001）的有关词条对它们进行了比较详细的描写。刘月华（1988：203-216）对能出现在这类趋向动词之前的动词进行了列举，如"表示躯体或物体自身运动的动词"等，并对它们各自的语法意义进行了概括：都可以表示"趋向"义，其中"进"和"进去"还可以表示"凹陷"意义。但作者并没有对"进"类趋向动词的这些句法、语义特点进行解释，也没有解释"进来"为什么没有发展为"凹陷"意义。

本文在已有研究成果的基础上，对"进"类趋向动词的句法、语义特点重新进行梳理，进而结合相关的认知图景对这些特点进行认知上的解释。为了行文的方便，下面我们先考察"进"的句法、语义特点，然后再比较它与"进来"、"进去"的异同。

（选自《语言教学与研究》2007年第1期，作者：卢英顺）

4. 中韩中级轿车广告语言对比研究

汽车在中韩两国人民生活中占有重要的地位。2011年2月，韩国汽车保有量突破了1800万辆，相当于每2.8人拥有一辆汽车。这同时表明，韩国汽车的内需已经接近饱和。而中国已经从世界工厂发展为世界上最大的汽车消费市场，汽车的内需还有很大的发展空间。在此情况下，韩国的汽车公司如何在中国市场上占有一席之地，则是决定企业未来的关键问题。正确地了解中韩两国汽车广告的异同点及其形成原因，对于韩国汽车公司开拓中国市场具有重要意义。但是有关该问题的研究很少有人涉猎。

因此，笔者从中韩两国中级轿车的电视与报纸广告中搜集语料，考察研究韩国现代汽车公司在中韩两国的轿车广告语言的异同点及其形成原因。同时对

中国北京现代和起亚汽车（中国）与中国销售量排名前十的其他中级轿车的广告语言进行对比分析，在此基础上探讨韩国现代汽车在中国大陆广告语言的得与失。希望通过此项研究能为韩国的汽车公司在中国进行广告宣传提供一些参考。

（选自中山大学国际汉语学院本科生毕业论文，作者：金文道）

三 写作知识

　　论文的引言也叫前言，在论文本论之前。引言是论文的开场白，目的是向读者说明论文研究的目的，吸引读者对论文产生兴趣，同时对本论起到提纲挈领的作用。

　　在写引言之前首先应明确几个基本问题：你想通过本文说明什么问题？你有哪些新的发现，这些新发现是否有学术价值？……一般而言，读者读了引言以后，可以清楚地知道作者为什么选择该题目进行研究。为此，在写引言以前，你要尽可能多地了解与本课题相关的知识，收集前人的研究成果，以更好地说明本研究的合理性和必要性。

（一）引言的主要内容

作为论文的开头，引言一般包括以下内容：

1. 提出问题或解释论文选题，并简洁地说明研究这一问题的意义。
2. 必要时进行简单的文献综述。即说明这个课题及相关领域前人所做的工作和研究成果，阐明本研究与前人工作的关系，指出本文将有哪些补充、纠正或发展，而不是单纯地重复前人的工作。
3. 说明本课题的具体研究对象和研究方法。
4. 对本论部分的内容或整体结构加以概括介绍，简单阐述研究内容或研究结果，但不要和摘要雷同。

（二）写作引言的注意事项

1. 引言的写作没有固定的格式，一般要求开门见山，不绕圈子。以简短篇幅讲述选题依据和研究意义。
2. 客观评价，实事求是。在引言中，对论文研究意义的评价要恰如其分、实事求是。最好不要使用"本研究属首创"、"填补了研究空白"、"有很高的学术价值"等不适当的自我评语。
3. 语言简洁，突出重点。文献综述不应过多叙述常识性的内容，只要选择有代表性的研究和观点，并以参考引文的形式标出即可。
4. 引言的篇幅一般不要太长。对一篇 5000~8000 字的毕业论文来说，引言字数一般以 200~400 字为宜。
5. 引言部分的内容一般不另列序号及标题。

（三）引言常用的表达方式

论文引言有一些常用的表达方式。如：

1. **本文着重要分析的是……**

例：

(1) **本文着重要分析的是**汉泰动物成语中的动物形象、汉泰动物成语所蕴含的比喻意义及其异同，以及它们所反映出的社会文化内涵。

(2) **本文着重要分析的是**"也"的构句条件及其语用问题。

2. **拟/将从……（角度/方面）探讨/分析/研究……**

例：

(1) 本文**拟**从学习者的角度，通过问卷调查的方法，对目前商务汉语写作课程的现状以及存在的一些问题加以分析，试图探索出一些解决的方法。

(2) 本文**将**从颜色词汇的文化象征意义、颜色词汇的文化类比意义以及颜色词汇的文化内涵展开进一步的对比研究。

3. **本文将通过……，探讨/分析……**

例：

(1) **本文将通过**韩国和中国相同化妆品的广告语言的对比，**探讨**广告所反映出来的中韩语言的异同点。

(2) **本文将通过**一部分汉日动词语义特征的对比，**分析**导致不同选择、搭配关系的缘由，并**探讨**这种研究分析方法在对外汉语教学中的实践意义及作用。

4 本文（将）在已有研究成果的基础上，对……进行分析 / 调查 / 解释 / 研究

例：

(1) **本文将在已有研究成果的基础上**，**对**留学生掌握介词"朝、向、往"的情况**进行调查**，并分析外国留学生在使用这些词语的过程中所产生的偏误及其原因。

(2) **本文将在前人研究成果的基础上**，采取语料收集与问卷调查相结合的形式，**对**越南学生习得汉语趋向补语"上 / 下"的过程中出现的偏误**进行分析**，并总结偏误产生的原因，希望能对越南学生学习汉语有所帮助。

5 本文拟（将）以……为研究对象 / 为例……，讨论 / 分析 / 探讨……

例：

(1) **本文拟以** 2008 年度中国企业排行榜上前 500 名的企业名**为研究对象**，**分析**其命名特征，并探讨其内在的文化内涵。

(2) **本文将以**中越两国可口可乐广告词**为例**，**探讨**外来商品广告词如何本土化的问题。

6 本文拟 / 将对……进行分析 / 探讨……

例：

(1) **本文拟对**越南学生使用离合词时产生的偏误类型**进行分析**，并找出偏误的原因，以期给学汉语的越南学生一些帮助，同时在教学方面提供一些参考。

(2) **本文拟对**中国与印尼两国青少年常使用的网络语言构词方式**进行分析与归类**，希望对留学生学习汉语有所帮助。

四 范文

认真阅读以下材料，思考每篇范文可以分几个层次？包括哪些内容？

范文一

越南留学生书写汉字偏误分析

近年来，学习汉语的越南学生人数不断增加，因此有必要展开针对越南学生的汉语教学研究。除了韩国、日本等国家以外，世界上大多数国家使用的都是拼音文字。他们对汉字都有共同的评价："写汉字就像画画儿一样"。越南学生也有这样的评价。对他们来说，学习汉语最大的困难就是学汉字。通过考察越南学生的作文，我们可以发现他们在汉字书写方面存在着诸多问题，例如笔画增损、部件改换、同音字错误等。这些汉字偏误不仅影响到学习者汉语书面表达，而且还影响到汉语整体水平的提高。因此，本文希望通过调查在中山大学学习汉语的越南学生的汉字书写情况，分析越南学生汉字偏误常见的类型及原因，以引起越南学生对汉字书写的重视，并尝试讨论相应的教学方法。

（选自中山大学国际汉语学院汉语言专业毕业论文，作者：杜芳容）

范文二

汉韩比喻修辞对比研究

近年来，中韩两国政治、经济、文化等方面的交往日益密切，来中国留学的韩国人也越来越多。为更好地进行对韩国人的汉语教学，我们有必要对比两国语言的异同点。前人的研究主要集中于汉、韩两种语言在语音、词汇、语法等方面的比较，而有关这两种语言修辞格的研究则很少有人涉猎。不同的语言，修辞格的种类都是极为丰富的，许多修辞格的运用也都能反映一个民族的社会文化心理。在跨文化交际中，恰当地运用修辞格，可以提高语言表达效果，反之，就有可能构成交际障碍，造成误会。

比喻就是利用不同事物之间的某些相似的地方，借一个事物来比方另一个事物，也就是我们平常所说的"打比方"。运用比喻，可以把抽象的事物、具体的事物描绘得鲜明生动、活灵活现。比喻还具有鲜明的民族特色，不同的语言在比喻的喻体选择和比喻的语言结构方式上都有自己的特点。所以本人想研究汉韩两国的语言在比喻上有什么异同点，希望通过此项研究帮助学汉语的韩国留学生更好地运用比喻，也为学习者提供更多的知识。

(选自中山大学国际汉语学院汉语言专业毕业论文，作者：尹智慧)

范文三

楼盘专名的语义特点及功能
——以天津、大连、青岛为例

> 你知道这篇论文的语料是怎样搜集的吗？

近年来，随着中国房地产事业的发展、楼盘数量的激增，丰富多彩的楼盘名称成为语言学研究的新课题。楼盘名称按照结构可以分为"专名"和"通名"两部分。本文以天津、大连、青岛三个北部沿海城市新建的1777个楼盘名称为对象（2006年8月31日前搜房网 http://www.soufun.com "新房全列表"），结合专名在楼盘名称中的地位，分析楼盘专名的语义特点及功能，以供楼盘名称研究和楼盘命名参考。

(选自《修辞学习》2008年第1期，作者：原新梅、闫谷一)

> 这篇引言告诉我们论文的研究内容是什么？

范文四

汉语商务谈判中否定策略的语用分析

随着世界范围内汉语热的兴起，对外汉语教学中的商务汉语教学日益重要。而在商务汉语中，否定是最常见的语言现象之一。因为在商务谈判中，谈判双方都会提出一些利益需求，当不能满足对方要求或不同意对方意见时，难免会存在一些分歧和差异，否定表达也就不可避免。为了合作成功，双方都会策略性地选用或不选用否定形式，或者选用不同的否定形式来表达自己的不同意见。否定形式的出现与谈判者的话语目的有关，而且能够直接影响到谈判效果，因而说商务谈判的否定表达实际上表现为一种语用策略。

从语用策略出发，本文拟运用合作原则、礼貌原则、面子论等语用原则来对商务谈判中的否定策略进行分析，探讨这些基本原则在特定交际活动中的相互关系，并且为商务汉语的教学提供一些具体指导。

(选自《西南民族大学学报·人文社科版》第 2005 年第 6 期，作者：罗燕玲)

范文五

中餐馆店名的语言及文化特点分析

> 这篇论文的语料是怎样搜集的？研究对象是什么？

从语言的角度看，餐馆店名是一种公共场所语言，从文化的角度看，中餐馆店名是中国几千年饮食文化的载体之一。一个具体的中餐馆店名是一个个案，而众多的中餐馆店名加合在一起，就组成了当代都市中餐餐饮业的"名片"，它们以最直接的形式招徕顾客，也以最直接的方式反映当代饮食文化特色，可以说中餐馆店名是中华文化中一种极为鲜活的语言现象和文化现象。本文以遍布城市街头的中餐馆店名为研究对象，从中华美食网（www.zhms.cn）上获取北京、上海、广州、成都四大城市中餐馆店名 1000 个作为分析对象，拟从语言和文化两个角度对它们进行分析，找出中餐馆店名的命名特点以及从中折射出的饮食文化特色。

（选自《修辞学习》2004年第1期，作者：任志萍）

范文六

汉韩外来词吸收方式对比研究

> 这篇引言运用了哪些表达方式？

　　随着国际语言文化交流的加强，越来越多的外来词汇进入到各个不同国家的语言中。一般来说，理解一个词汇的意思最好的方法就是查字典，但是由于外来词汇具有新颖性的特点，所以这些词汇往往未能及时收录在以往编纂的各国语言的词典中，因此我们也不能通过查词典的方式来理解这些词汇的含义，这样就给我们的语言学习带来了一定的障碍和困难。因此充分地了解所学语言对外来词的吸收方式，对于学好该门语言是非常重要的，尤其对于留学生来说。

　　在关于汉、韩外来词的研究上，许多学者作出了自己的努力。然而，很少有学者对这两国语言中的外来词进行对比研究。鉴于这种情况，本文以汉语和韩语的外来词为研究对象，通过对以往文献资料的搜集和整理，将汉、韩外来词汇的吸收方式做一个系统的总结，并加以对比，找出其吸收方式的异同，然后在此基础上得出一些相关的结论，以便让韩国留学生能更快更好地理解和掌握汉语中的外来词汇。

（选自中山大学国际汉语学院汉语言专业毕业论文，作者：金泉）

五 练习

(一) 下面是两篇论文引言所用的语句,请你根据引言的写作方法给这些语句排列顺序,并适当地增删词语,使之成为一段完整的引言。

材料一

泰国学生汉语语音偏误分析

1. 泰国人的发音有非常显著的特点,过去曾有人对此进行过研究。
2. 1999年底,我们对北京语言大学汉语学院基础系1999~2000学年的22名一年级泰国学生进行了一次调查。
3. 在教学中,我们发现还有许多问题值得进一步探讨。
4. 我们的目的是为了发现泰国学生汉语语音学习中的偏误规律,进而分析原因,寻找对策。
5. 近几年来,泰国学生成为继韩国、日本之后人数最多的来华留学群体。
6. 泰国人的汉语学习规律应当引起我们的重视。

材料二

商务汉语综合课的定位和教材编写

1. 商务汉语综合课以其独特的功能和特有的内容,在对外汉语教学中占有不可或缺的地位。
2. 文章探讨商务汉语综合课的性质和特点及其在整个课程体系中的定位。
3. 对商务汉语综合课程的研究具有很强的实用价值。
4. 近年来,商务汉语作为一种专门用途语言,已成为对外汉语教学领域中的一大热点。
5. 文章提出编写商务汉语综合课教材的基本原则和编写体例。
6. 笔者考察了北京、上海和广州几所高等院校商务汉语专业方向的课程设置情况,同时对中山大学本科三年级和四年级商务汉语方向65名学生进行调查。

(二) 下面是《中越颜色词的比较》一文的引言,你认为写得怎么样?说说你的理由。你会怎样写呢?

本文拟从两方面对"红"、"白"、"黑"这三个颜色词进行对比分析。由于文化和语言体系的差异,各种语言使用的颜色名称和数量不尽相同。中国和越南这两个国家有着相似的传统文化,颜色词所表示的意义有很多相同的地方,但也存在差异。其中,"红"、"白"、"黑"这三个颜色词在中国和越南使用频率都很高,包含的象征意义也非常多。

(三) 请根据以下材料,写出论文的引言。

材料一

韩国学生使用汉语"被"字句的偏误分析

研究对象和内容:韩国学生使用"被"字句的偏误类型和原因以及相应的教学对策。

材料二

商务汉语口语教材的考察研究

研究对象:广东四所高校(中山大学、暨南大学、华南师范大学、广东外语外贸大学)所使用的商务汉语口语教材。

研究内容:四所高校所用商务汉语口语教材的基本情况、教材的体例、教材的内容等,提出建设商务汉语口语教材的意见和建议。

(四) 预习:搜集一些论文的结尾,并思考论文的结尾写什么、怎么写。

第九课　毕业论文的结尾

 一　学习目标

（一）了解毕业论文结尾的写作内容。
（二）掌握毕业论文结尾的写作方法。

 二　阅读与讨论

（一）两人一组，交换阅读各自搜集到的论文，找出论文的结尾。
（二）阅读下面几篇论文结尾，分析结尾的写作内容和句式特点。

1. 中韩禁忌语比较分析

本文从凶祸禁忌、称谓禁忌、数字禁忌、谐音禁忌等四个方面对中韩两国的禁忌语进行了分析。通过凶祸禁忌语分析，我们可以看出人们对死亡的恐惧；在称谓禁忌方面，韩国的忌讳比中国的更复杂；在数字禁忌方面，中国人对数字很讲究，韩国的数字禁忌则不如中国那么多；由于语音方式的不同，谐音禁忌在两国并不一样。

分析禁忌语是了解其民族文化的一个渠道。通过对中韩两国禁忌语的分析，我们不仅了解了两国的文化，而且也从一个侧面发现了韩国文化里面隐藏着的中国文化的痕迹。希望学汉语的韩国留学生通过这篇论文，能更加了解汉语里面存在的禁忌语，在与中国人的交际中能避免语言文化方面的错误。

（选自中山大学国际汉语学院汉语言专业毕业论文，作者：李保贤）

2. 粤菜菜名浅析

通过前面的分析，本文认为粤菜作为体现广东地区文化特色的一大代表，其菜名蕴含着深刻的含义，充分体现了广东地区的文化特色。从菜名中，我们不仅能够看出具有广东特点的粤菜的烹饪方法和用料，而且能够发现广东人注重健康养生的生活观念以及趋吉的心理。在命名方法上，一些粤菜的命名或者采用比喻的手法，或者借助谐音，或者运用了具有动感的动词，或者善用修饰语，通过这些方式提升了菜的内涵和层次，使人们在享用珍馐佳肴的同时，更是融入美好的文化境界中。

粤菜作为中国八大菜系之一，美名远扬，历史悠久，本文所研究的粤菜菜名的取法寓意及其所体现的意境只是冰山一角，其丰富的内容更有待以后进行更深入的研究。

（选自中山大学国际汉语学院汉语言专业毕业论文，作者：卢炫廷）

3. 从汉韩酒类商品命名之比较看译名问题

总之，通过以上研究我们可以看出，不同国家之间有不同的语言、习俗和文化，所以不同国家的商品命名因素及方式有所不同是必然的，在交流或交易过程中也难免出现各种各样的问题。所以每个企业向国外拓展市场时，必须要充分了解、研究目的国市场的特点、文化，才能在目的国市场上立足。产品的译名就体现了企业在这方面努力的成果。另一方面，译名也是吸引目的国消费者最有效的手段之一，所以译名绝不可忽视。

希望本文对中韩两国人民互相加深了解有所帮助，也希望其他留学生们能继续研究译名的命名因素及方式等方面的问题，弥补本文的不足。笔者也会继续关注中韩酒类商品名称的译名，并进行更为深入的研究。

（选自中山大学国际汉语学院汉语言专业毕业论文，作者：洪周亨）

三 写作知识

毕业论文的结尾，也就是论文的结束，是对整篇文章内容的总结，是论文不可缺少的重要部分。要注意的是，论文的结论是对引言中提出的、本论中分析或论证的问题加以综合概括，是通过本论部分的论证自然而然得出的。

（一）结尾的写作内容

论文的结尾部分一般包括以下内容：

1. 经过论证得到的结果。即以本论为依据，对论文的主要内容进行归纳或重申论文的中心论点，也就是回答论文研究出了什么。这一部分要写得简要而清晰，使读者能明确了解作者的见解和观点。
2. 说明本研究成果的理论与实践意义，或进一步强调研究目的。
3. 就有关问题作简要说明。如：研究中的例外情况，有待进一步研究的问题和建议，对论题发展趋势的展望等。

由于个人的精力是有限的，尤其是作为学生，对某一个问题的研究不可能达到很高的水平。所以，在结论中最好能指出研究的不足之处，提出本课题研究工作中的遗留问题或需要进一步探讨的问题。

（二）写作结尾的注意事项

1. 毕业论文的结尾是围绕本论所写的结束语，其基本的要点就是总括全文，加深题意。

   这一部分一定要对引言中提出的、本论中分析或论证的问题加以综合概括，从而引出或强调得出的结论。结论切记草草收兵、虎头蛇尾，或画蛇添足、拖泥带水。

2. 结尾不是文中各章节的重复叙述，而应该简要概括或综述本论文的主要观点，语言要简洁、明确，篇幅不宜过长。对一篇 5000~8000 千字的毕业论文来说，结尾字数一般以 200~400 字为宜。

3. 结尾部分的内容一般不另列序号及标题。

（三）结尾常用的表达方式

写作论文结尾有一些常用的表达方式，具体如下：

1 通过以上 / 前面的分析，笔者 / 本文认为……

例：

(1) **通过以上分析，笔者认为**，中越饮料广告修辞手法主要有以下异同……

(2) **通过前面的分析，本文认为**，"也"在句中的位置之所以是多变的，主要是因为……

2 通过 / 由 / 从……可以看到 / 看出 / 发现……

例：

(1) 由上述对比可以看出，汉语、韩语外来词的吸收方式既有一些共同之处，也有各自的特点。

(2) 从上述分析可以看出，中国女性时尚杂志广告用语已经形成了自己独有的风格。

(3) 通过以上分析我们可以发现，越南学生学习介词"在"存在的偏误是多种多样的，其原因主要是越南学生受母语负迁移的影响，同时也没有掌握好介词"在"的用法。

3 通过……，得出以下结论……

例：

(1) 本文以汉泰动物成语为研究对象，从汉泰动物成语里的动物形象、比喻意义及其文化内涵三个方面进行了对比分析，**通过分析**，我们**得出以下结论**……

(2) 笔者**通过**对中俄两国餐馆命名方式的**考察分析，得出以下结论**……

4 本文的研究表明……

例：

(1) **本文的研究表明**，曾仕强教授《说中国人》这本书之所以能吸引读者的阅读兴趣，跟书中的语言具有幽默、讽刺、通俗的特色有很大的关系。

(2) **本文的研究表明**，在汉字教学中，要抓住汉字形音义结为一体的特点，尽可能地把汉字的引申意义具体化、形象化，探求汉字组词、组语、组句的理据，以达到字形、字义、字的运用在教学中同步解决的效果。

5 综上所述……

例：

(1) **综上所述**，翻译中俄文合同是不同民族语言词汇、语法、修辞和文化转换的语言活动。

(2) **综上所述**，我们认为留学生在使用"不"和"没"的时候，还是受到主客观因素的影响。特别是一些简单的句子，学生就会考虑得更仔细一些。而这些考虑，有时会干扰他们的选择。

6 总而言之/总的来说/总之，……

例：

(1) **总而言之**，外来商品应该在市场上准确地调查当地消费者的语言、文化和国情三大方面的特点并进行综合考虑，从而对广告语实行本土化战略。

(2) **总之**，汉泰动物成语在形式、语义、文化内涵等方面既有相同之处又有相异之处。

(3) **总的来说**，本文对韩中两国相同化妆品的不同广告进行了调查和分析。通过这一研究，探讨了其广告语言的不同特点，更加深了笔者对两国文化特点的了解。

四 范文

认真阅读以下材料，思考每篇结尾的主要内容和层次，并找出结尾常用的表达句式。

范文一

浅论电视公关广告语言的设计策略

综上所述，公关广告要注重情感性、形象性和公益性的特点，在不断研究消费者和满足消费者的过程中实现传播效果，在不断地弱化其商业味道的同时强化其营销效果，凸显公关的一面，彰显人文的一面。广告的实施要具有阶段性和战略性，要稳步推进。判断广告效果如何也不能单纯以短期能否带来大的销售额为标准，要看能否对受众产生持久的有效作用。广告设计充分考虑受众的这些心理特征正是要实现战略上的长远影响。当然，一切广告都要建立在诚信的基础之上。广告既产生经济效益，也产生社会效益。在质量和诚信基石上，通过艺术性的运作树立企业的良好形象，提高其知名度、美誉度及和谐度，最终在"随风入夜，润物无声"中双赢地实现营销目标。

（选自《淮阴工学院学报》2007年第4期，作者：卢淑芳）

范文二

越南留学生汉语声调偏误溯因

> 通过阅读结尾，你知道这篇文章的本论部分分析了哪些问题？

本文通过对越南学生汉语四声偏误情况的描写分析，发现去声是越南学生汉语声调学习的难点，其他三声也存在着不到位的各种偏误形式。在对越南语声调与汉语声调的对比分析基础上，我们系统分析了越南学生汉语声调偏误形成的原因。越南学生的汉语声调偏误几乎都可以从越南语声调中找到原因，越南语没有全降调型，也没有高平调，声调的升降幅度较汉语窄，而且急促，影响了对汉语四声的学习。因此本文认为，通过给予学习者以声调理论知识的指导，进行声带松紧的控制训练，以及"阳平＋去声"的组合训练等方法，可以帮助越南学生克服偏误，学好汉语的四声。

本文主要采用了传统的听辩记音的方法，未进行声学分析，同时鉴于学生人数的限制，本文没有讨论学生的层级情况，虽然我们认为这并不影响对越南学生汉语声调偏误的分析，但有关这类声调偏误分析的系统研究工作还有待进一步深入。

（选自《世界汉语教学》2004年第2期，作者：吴门吉、胡明光）

范文三

商务汉语教材选词考察与商务词汇大纲编写

总之,商务汉语词汇的研究和《商务词汇大纲》的编写,是一个亟待研究但又十分复杂的课题。本文尝试着从 10 部教材共选词语的角度入手,提出了一些相应的建议。但限于时间和能力,我们考察的教材数量较少,角度单一,不够全面,许多问题未能深入讨论。在今后的研究中应增加考察教材的数目,深入调查现实商务活动中的词语使用情况,进一步探讨商务词汇和基本词汇的分类标准,入选词语的等级划分等问题。

(选自《世界汉语教学》2008 年第 1 期,作者:周小兵、干红梅)

范文四

韩语汉字词对学生习得汉语词语的影响

以上我们以针对韩国留学生的词语调查为基础,分析了韩语汉字词对学生习得汉语词语的影响。通过统计与分析发现,目前处于二三十岁年龄段的韩国留学生对韩国汉字的知识普遍很差,韩语汉字词对他们习得汉语词语的影响并不很大。学生产生偏误的原因比较复杂,其中写别字问题比较突出,其主要原因来自韩语汉字音的同音干扰,因此对字义的教学应该得到重视。根据学生产生偏误的种种原因,我们认为对不同语言背景的学生进行有针对性的汉语教学应受到足够的重视。

(选自《世界汉语教学》2006 年第 1 期,作者:全香兰)

范文五

汉语与瑞典语詈骂语对比

通过以上论述,我们可以发现汉语和瑞典语詈骂语的来源不同。汉语中的詈骂语起源于咒语,咒语又和原始巫术相联系。咒语分为祈福咒和降灾咒,詈骂语起初是与降灾咒合二为一的。随着社会的发展，人们迷信语言魔力的思想逐渐淡化，詈骂语便产生了。瑞典语中的詈骂语源于古埃及的誓骂语和诅咒语。后来随着基督教的传入，以前的詈骂语逐渐消亡，现在常用的詈骂语多与基督教有关。

语言是文化的载体，语言和文化不可分离。笔者根据两种詈骂语的分类，从对比的角度分析了它们之间的语用差异和文化差异。从中瑞两国对性别、年龄、性、亲属所持的不同态度，可以发现人们在具体的使用中会选择不同的詈骂语。又由于两国的社会制度、文化观念、宗教等差异，人们也会选择不同种类的詈骂语。

随着各国人民的交往日益密切，语言交流和文化交流越来越重要。本文希望通过分析詈骂语折射出中瑞两国文化的显著差异，为人们日后的交流提供有益的借鉴。
(选自中山大学国际汉语学院汉语言专业毕业论文，作者：梁伟明)

范文六

越南留学生书写汉字偏误分析

由上述分析，我们可以得出如下结论：

1. 越南学生书写汉字的偏误具有复杂性，错误类型多样。

2. 越南学生书写汉字时，因为音相同或音相近（形不同）而错、增减部件、改换部件的错误率很高。

3. 导致他们书写错别字的原因有很多，如汉字的复杂性、教学方法的不足、受母语的干扰、学生的学习态度与方法等。

要想彻底消除错别字，学生必须改变轻视书写汉字的错误思想，老师们要在教学中强调汉字的重要性，促使学生把汉字书写正确。同时，本文认为教学方法也要改进，教师在教学中应让外国学生可以很容易地把握汉字的意义和写法。

以上只是本文进行的调查及其结果。因为时间和能力有限，

> 最后一段内容是论文的结论之一吗？

还有诸多问题需要进一步研究。但是希望通过这篇论文,可以使越南学生意识到书写汉字的重要性,同时也能给汉字教学提供一些有益的启示。

(选自中山大学国际汉语学院汉语言专业毕业论文,作者:杜芳容)

五 练习

(一)下面是两篇论文结尾所用的语句,请你根据结尾的写作方法给这些语句重新排列顺序,并适当地增删词语,使之成为一段完整的结尾。

材料一

中国企业名的文化内涵
——兼与韩国企业名比较

1. 笔者认为,企业命名需要高素质的专业人才来潜心研究,只有高素质的人才队伍创作的企业名,才能体现出深厚的文化底蕴和准确的市场判断力。
2. 笔者通过分析 2008 年中国企业排行榜前 500 强的企业名,发现这些成功企业的名字大多蕴含着深厚丰富的传统文化底蕴,体现出了鲜明的民族文化特色。
3. 21 世纪是世界各国文化交流融合大发展的时代,各国文化的不断交流和沟通势必会越来越深化。在企业走向国际化的征途中,如何为企业命名也给中国企业提出了新的课题。
4. 透过这些企业名,笔者看到了中国传统文化的博大精深和人文主义精神的内涵,正是这些传统文化精神,支撑起了中华民族文化的大厦,成为连接企业与顾客的感情纽带。

材料二

汉泰动物成语的对比分析

1. 汉泰动物成语的差异反映出中泰两国不同的社会文化背景以及两国人民对动物的情感态度。
2. 汉泰动物成语所包含的动物形象及其所反映的比喻意义,既有相同之处又有相异之处。

3. 由于时间和个人能力所限，本文的研究还有很多不完善的地方，敬请方家指正。
4. 希望通过分析汉泰动物成语的异同，能帮助泰国学习者更好地了解汉语动物成语的特点、意义及其文化内涵，提高对汉语成语的理解能力和运用能力。

（二）下面是《〈水浒传〉与〈洪吉童〉语言艺术之比较》一文的结尾，你认为写得怎么样？说说你的理由。

总而言之，从语言艺术的角度比较起来，当然是《水浒传》更优越，《洪吉童》远远比不上《水浒传》。不过《洪吉童》也具有独特的语言叙述方式。

本文主要就《水浒传》与《洪吉童》的语言艺术作了比较研究。通过比较发现，在运用修辞法方面，两部作品有鲜明的差异。《水浒传》多种多样的修辞手法强化了语言的表现力，使人物形象更加生动。《洪吉童》使用的修辞法仅有直喻、夸张、对偶三种，比较单调。

另外，《水浒传》是口语化非常成功的作品，它使用了大量的口语，在人物语言个性化方面有卓越的成就。作者借作品人物之口表现自己的想法，强化了作品的思想内涵。而《洪吉童》多用书面语，强化了叙述性。作品使用连接词尾与终结词尾不仅反映出时代的特色，而且符合作者创作的基本精神。

（三）请归纳第一课中范文《商品品牌译名分析》或《汉英植物文化的社会差异》的主要内容，并根据归纳的内容写出论文的结论。

（四）预习：搜集一些论文的摘要，并思考论文的摘要写什么、怎么写，它与引言的写作内容和写作方法有什么不同。

第十课　毕业论文的摘要

 一　学习目标

（一）了解毕业论文摘要的写作内容。
（二）掌握毕业论文摘要的写作方法。

 二　阅读与讨论

（一）两人一组，交换阅读各自搜集到的论文，了解论文摘要的句式。
（二）阅读下面的论文摘要，分析摘要的写作内容和句式特点。

1. 现场促销员的会话策略分析

本文利用田野调查语料分析专卖店（区）现场促销员的会话策略，指出现场促销员的会话策略是一种积极回应的策略，具体表现在主动打破沉默、变被动话轮为主动话轮、使用完整式答话以及答话信息"供大于求"。

（选自《语言文字应用》2007年第3期，作者：张黎）

2. 母语为英语者口语中混用"不"和"没"的个案调查

否定词"不"和"没"是对外汉语教学中无法回避的难点。由于它们各自的语义特征复杂，语用条件多，给学习和教学带来不少困难。本文对两位以英语为母语的学习者在口语中使用否定词"不"和"没"的情况进行了个案追踪调查，对其在从初级到中级的三个阶段混用"不"和"没"的偏误情况加以分析。文章指出，只有否定跟过去有关的行为动作或情况时，学习者才会较多

地混用"不"和"没"。混用主要表现在两大方面:第一是任意用"不"来否定跟过去时间有关的行为动词,来表示学习者所认为的主观意愿;第二是误用"没"来否定跟过去有关的认知心理类动词。在调查分析的基础上,文章对否定词的教学提出了一些看法。

(选自《暨南大学华文学院学报》2009年第3期,作者:李英、徐霄鹰)

3. 中韩中级轿车广告语言对比研究

广告宣传是企业的一项重要竞争策略,好的广告能有效提高企业和产品的知名度,促进销售。目前在韩国汽车内需接近饱和的情况下,如何开拓中国市场对韩国汽车公司的发展具有重要意义。鉴于这种情况,本文以中韩两国中级轿车的电视与报纸广告语言为研究对象,首先从广告语言的内容和诉求点、广告语言的修辞特点这两大方面考察分析了韩国现代汽车公司在中韩两国的轿车广告语言,对比其中的异同点。文章认为中韩轿车广告语言主要有两个相同点,即:强调轿车的特点、善用修辞格等;也有五个不同点:敬语和非敬语的区别、诉求点的不同、使用的词汇不同、运用的修辞手法不同、多样化与单一化的区别等。与此同时,文章还考察分析了在中国排名前十的中级轿车的广告语言特点,并与北京现代汽车广告进行对比,从中看出韩国现代汽车在中国推出的广告的"得"与"失"。希望本文的研究能为韩国或其他国家的汽车公司在中国进行广告宣传提供一些参考。

(选自中山大学国际汉语学院汉语言毕业论文,作者:金文道)

三 写作知识

论文摘要又称概要、内容提要。摘要是在文章全文完成之后提炼出来的,具有短、精、完整三大特点。其基本内容包括研究目的、研究方法、研究内容和研究得出的结论。具体地讲就是研究工作的主要对象和范围,采用的手段和方法,得出的结果和重要的结论。总之,摘要的内容必须完整、具体、使人一目了然。可以让读者不阅读全文,就能获得必要的信息。

为了国际间的学术交流，论文还应有外文（多用英文）摘要。一般而言，本科毕业论文的英文摘要根据中文摘要翻译出来即可。

（一）毕业论文摘要的写作内容

毕业论文摘要是一篇精炼完整的短文，一般不写本学科领域已成为常识的内容，不对论文内容做详细的诠释和评论，尤其是自我评价。摘要一般应说明以下问题：

1. 简明指出论文的选题缘由或意义。
2. 简要说明研究的基本方法。
3. 概括介绍论文本论部分研究的主要内容。
4. 指出研究得出的结论。这是摘要最主要的部分，要说明本研究的主要观点、理论意义或实用价值。

（二）写作论文摘要的注意事项

1. 摘要是一篇完整的短文，语言文字应简洁明了，语义确切。毕业论文的中文摘要一般以300~500字为宜，英文摘要内容与中文摘要相同，以250~400个实词为宜。
2. 结构严谨。摘要先写什么，后写什么，要按逻辑顺序来安排。句子之间要上下连贯，互相呼应。
3. 在写法上，不举例，不论述，一般也不用引文。尽量用短句，少用长句。
4. 常采用"本文"做叙述的主语。例：本文对……进行了研究。
5. 毕业论文的摘要一般单独成一页，放在论文正文的前面。学术论文的摘要一般置于题名和作者之后，论文正文之前。

（三）摘要常用的表达方式

论文摘要有以下常用的语言表达方式：

1. 鉴于这种情况，……

例：

韩国属于汉字文化圈，因此，韩国留学生在学习汉语的初始阶段常常容易忽视汉字。**鉴于这种情况**，本人通过收集整理韩国留学生的汉字偏误资料，同时按照不同年龄、不同的水平层次进行问卷调查，对他们在原有的汉字基础上再次学习汉字的情况进行分析研究，得出一些韩国留学生使用汉字偏误的规律，并提出学习汉字的针对性方法和建议。

2 本文从……方面/角度探讨了……

例：

(1) 相同的化妆品，其广告在中韩两国却有较大差异，**本文从语言和文化的角度探讨了**这些差异。

(2) **本文从"一个"和"一个+NP"两种形式的对比角度，探讨了**数词"一"隐现的一些规律。

(3) **本文**从母语为越南语的汉语学习者的**角度，浅析了**汉越两种语言人际称谓的异同。

3 本文以……为研究对象/范围，对……加以/进行考察/探讨/分析/比较/调查……

例：

(1) **本文以**可口可乐在中越两国的广告用语为研究对象，对可口可乐公司的语言、文化、国情三个方面的特点进行了探讨。

(2) 本文以2008年度中国酒类品牌一百强、韩国酒类产业协会企业中123个酒类品牌名称为研究范围，对两国酒类品牌的命名因素加以对比，并分析两国酒类品牌的命名特点，从而对中韩两国对外贸易中酒类品牌的译名问题提出自己的建议。

4 本文……探讨/分析/考察/研究了……

例：

(1) **本文**对汉、韩外来词吸收方式进行了对比，**探讨了**两种语言外来词吸收方式的异同，最后总结出一般的规律，以便让两国的语言学习者能够更好地理解和掌握这两门语言。

(2) **本文**通过考察汉泰语言里含有动物名词的成语，对汉泰动物成语中的动物形象、汉泰动物成语所蕴含的比喻意义进行了对比分析，在此基础上进一步**探讨了**汉泰动物成语所显示出的社会文化背景以及中泰两国人民对动物的情感态度。

5 文章认为/指出,……

例:

(1) **文章认为**,中韩化妆品广告反映出中韩两国语言之间的差异,并折射出两国文化间的差异。

(2) **文章指出**,中国企业名中的吉祥物、吉利数字、表示富贵的词语等包含了深厚的文化内涵。通过企业名的研究,外国人可以更清楚地了解中国企业名所包含的文化内涵,从而帮助外国人顺利地进行跨文化交际。

四 范文

> 认真阅读以下材料,分析每篇摘要的写作内容和表达句式。

范文一

商务汉语综合课的定位和教材编写

商务汉语教学因为市场的巨大需求正在飞速发展,国内不少高等院校的汉语言专业纷纷增设商务汉语方向,并将商务汉语综合课列为一门重要的必修课程。笔者考察了北京、上海和广州等地 5 所高等院校商务汉语专业方向的课程设置情况,并对 65 名商务汉语方向的学生进行了调查,在此基础上探讨商务汉语综合课的性质和特点及其在整个课程体系中的定位,并提出编写商务汉语综合课教材的基本原则和编写体例。文章认为,商务汉语综合课作为一座桥梁,与商务汉语方向的课程体系紧密相连,直接联系着商务汉语方向专业知识的教学,其教学重点就是要以语言知识为主、商务知识为辅进行综合训练。

(选自中山大学国际汉语学院教师同名论文,作者:邓淑兰、李英)

范文二

汉韩同形词偏误分析

在对外汉语教学领域,汉韩语言对比研究是一个薄弱环节,而来华留学生当中韩国留学生所占比例最大。鉴于这种情况,本文以三年级韩国留学生的韩汉翻译译文为主要材料,对韩汉同形词造成的偏误进行分析,对教学提出了一些建议和对策。韩汉同形词造成的偏误来自词性、搭配、词义、同音干扰、矫枉过正、工具书及教学不得当等众多方面。文章认为要解决以上问题应充分发挥汉字词的积极作用,同时要加强汉韩语言对比研究,重视研究成果在实际教学中的应用。

(选自《汉语学习》2004年第3期,作者:全香兰)

范文三

中韩化妆品广告语言对比分析

广告语是一种文化,它既是商业文化,又是大众文化,是社会文化的重要组成部分。同时广告语作为文化模式的一种,既受到某种特定民族心理的影响,又能反映这样的民族心理。相同的一种化妆品,其广告在中韩两国却有较大差异,本文试图从语言和文化的角度去探讨这些差异。本文搜集了国际知名化妆品在中国和韩国的广告语素材,具体从以下几个方面对中韩两国相同化妆品的广告语言进行对比分析:拟声拟态词的使用、外来词的使用、四字格式的使用、商品名称的位置、广告的情感诉求、广告所反映的本土文化等。本文通过以上对比分析探讨了由广告所反映出来的中韩两国语言的异同点以及从这些方面所折射出的两国文化差异,希望本文的研究不仅有利于我们进一步了解韩国和中国的语言和文化,而且对今后的文化语言学的研究发展有所裨益。

(选自中山大学国际汉语学院汉语言专业毕业论文,作者:宋尹桢)

范文四

商务汉语教材选词考察与商务词汇大纲编写

本文以近年出版的 10 部商务汉语教材为对象，考察《(汉语水平) 词汇等级大纲》中的商务词汇，分析各教材的生词等级、共选词语、高频词和语素。发现不少教材生词等级偏高，不同教材的共选词语极少，并探讨了相关原因。文章论述了编写《对外商务汉语词汇等级大纲》的必要性，提出大纲编写应以现实商务活动中使用的词语为重要来源，参考《(汉语水平) 词汇等级大纲》和《商务汉语考试大纲》，借鉴现有商务汉语教材中的选词。

(选自《世界汉语教学》2008 年第 1 期，作者：周小兵、干红梅)

范文五

外国留学生使用汉语成语的偏误分析

在对外汉语教学中，成语教学任务存在于各种课型、各种水平层次的汉语教学中。但多年来成语研究主要集中在汉语本体的研究上，结合对外汉语教学的研究或是汉外成语对比，或是文化对成语的影响，从语言学习规律和语言教学规律方面对成语进行研究的工作，至今还很少有人去做。教师应该教什么，怎样才能教得更有效，还缺少理论的根据。因此，从对外汉语教学角度重新考虑成语是很有意义的。本文对留学生使用汉语成语时出现的偏误进行语义和语法上的分析，并在此基础上找到偏误对我们的教学的启示。

(选自《语言文字应用》1999 年第 3 期，作者：张永芳)

第十课 毕业论文的摘要

五 练习

（一）下面是两篇论文摘要的主要内容，请你根据摘要的写作方法重新排序并适当地增删词语，使之成为完整的论文摘要。

材料一

从中俄餐馆命名之比较看两国间外来餐馆命名的问题
——以中国东北、俄罗斯西部的餐馆名称为例

1. 随着中俄两国经贸往来的日益频繁，餐饮业作为经济、文化的组成部分，也不断地在两国之间进行着交流与渗透。
2. 本文对中国东北以及俄罗斯西部地区现有的餐馆名称进行考察对比。
3. 中国餐馆越来越多地出现在俄罗斯的大街小巷。
4. 在中国的东北，俄罗斯餐馆以及俄罗斯风味的食品也受到越来越多的人的喜爱。
5. 本文分析两国餐馆各自的命名特点，并提出自己的建议。
6. 目前中俄两国人民开在对方国的餐馆名称存在很多问题。有的让人看不懂；有的看起来或读起来让人觉得别扭，无法吸引消费者，从而直接影响了餐馆的经营。
7. 希望对中俄两国在对方国开餐馆的朋友能有所帮助，也希望能对中俄文化的交流做出自己的一点努力。

材料二

广州房地产广告策略研究
——兼与曼谷房地产广告比较

1. 在定位策略方面，两市的房地产广告都较多地使用了差异定位策略、空隙定位策略、首位定位策略、精确定位策略、立体定位策略这五种定位策略。
2. 以广州最近十年的房地产广告为研究对象，对房地产广告文案在广告标题、广告语、正文和附文等方面的特点进行了分析。

3. 广州和曼谷的房地产广告定位主要都表现在区位地段、自然景观、建筑风格、社会群体等几个方面。
4. 希望通过这篇论文让读者对房地产广告的创作有更多的了解,并为创作房地产广告提供一些参考。
5. 从房地产广告的定位和定位策略两个方面对广州与泰国曼谷房地产广告的运用策略进行了对比研究。

(二)下面是两篇论文的摘要,你认为写得怎么样?说说你的理由。

材料一

中国食品行业商标命名研究

近年来,中国经济快速发展,已经成为世界的一大亮点。随着经济的日益发展,商标命名的研究也日趋深入。但针对特定行业商标命名的研究目前还很少。本文希望对中国食品行业商标命名有所帮助并希望能为韩国食品企业进入中国提供一些借鉴作用。所以本文通过对中国食品行业商标命名现状的探讨,从语法角度、命名的含义以及命名中的文化内涵这三个角度来分析食品行业命名的影响因素。

材料二

汉越语成语比较

汉语中的成语是一种固定短语,也是一种定型的词组。它一般由四字构成,形象生动,具有深刻的文化内涵,它与民族的文化传统有着密切的关系。越中两国拥有长久的来往历史,所以越南在历史文化中深受中国文化的影响,特别是在语言方面,越南语言吸收了很多汉语词汇并一直广泛使用,使越语词汇库更加丰富。虽然中越两国有着不同的地域和历史背景,但两国文化在发展的过程中又存在着共同点,并表现出很明显的个性特征,这种文化的个性特征也反映到成语中。本文将对汉越成语进行对比分析。

(三)摘要、引言、结论在写作内容和写作方法上有什么不同?

（四）请从本教材中选择一篇没有论文摘要的范文，认真阅读后，写出论文的摘要。

（五）预习：议论文的论证方法有哪些？阅读一篇完整的论文，并思考汉语言专业的论文常用哪些论证方法。

第十一课　毕业论文的论证方法

一　学习目标

（一）掌握毕业论文的主要论证方法及其作用，能恰当地运用所学的论证方法进行论证。

（二）学会分析和评价论文的论证方法是否恰当，论证过程是否清晰充分、科学严谨。

二　阅读与讨论

快速阅读以下文字材料，请找出其中所包含的观点，并说说它们运用了哪些方法来说明观点：

材料一

考察发现留学生使用比拟、比喻的相对频率低于本族人使用的相对频率。这种差异与修辞主体的思维方式不同有关。留学生语料的主体大都为成人，而本族人语料的主体为小学五、六年级的儿童。儿童心理学研究表明，小学五、六年级儿童处在创造性思维曲线的波峰期，这个时期儿童的联想自然，想象活泼（董奇，1993），表现在语言形式上，则是大量使用比拟、比喻修辞格，如将所描写的物人化，将描写的人物化，将甲物比作乙物等。闾海燕（1997）认为，比拟、比喻不仅是一种修辞方式，而且是一种思维方式，这种思维方式就是以原始（儿童）思维为其基础和原型的。

随着年龄的增长，儿童思维意识逐渐向成人化发展，比拟、比喻化的思维方式开始向抽象的逻辑思维方式转化，表现在语言形式上则是形象的比拟、比喻不如儿童时期普遍，而一些需要依赖抽象思维方式的辞格（如反问）使用则逐步上升。

(选自《世界汉语教学》2010年第4期，中高级留学生汉语中介语辞格使用情况考察，作者：周小兵、洪炜，略有改动)

材料二

多数教材词汇偏难。如《中国文化》，说是面向二年级学生，但两课中有99个超纲词，47个丁级词，其中很大一部分没有被列为生词（两课共列生词78个，专名43个）。教材解释说，"本书所列出的生词为《标准和等级大纲》规定的三阶段（二年级）所应学会的丙级词。由于文化教材的特殊性，生词百分之百圈定在某一词汇范围内是不现实的，因而本书列出的生词量比丙级词略有超出，这里特作说明。"从统计可知，两课课文中的丁级词、超纲词共146个，并非只是"比丙级略有超出"。如果按照教材所说"一年级第二学期亦可视情况试用"，丙级词也超出了学习范围，难度就更高了。

《现代》注明是中级教材。两课课文列出生词123个，注释23个，总数146个。但实际超纲词109个，丁级词63个，共172个，远超过教材所列生词的数量。《读本》没有对学生汉语水平做任何说明，从版式设计看，像是给少年学习的。但超纲词166个，丁级词90个，两类词占总用词比例在九部教材中最高。

可见，语言太难是中国文化教材的通病之一，也是难学难教的重要原因。

前边介绍过，几部德语文化教材，对学习者的语言水平说明得很清楚。《美国文化背景》供英语中高级到高级的学生使用，全面介绍美国文化，词汇量不到4000。据初步统计，《中国文化》不算练习，光是课文和相关资料，词汇量就达到8433。

(选自《语言教学与研究》2010年第5期，基于中外对比的汉语文化教材系统考察，作者：周小兵、罗宇、张丽)

材料三

促销员回应话轮的信息内容常常多于顾客所要求的，最明显的就是体现在顾客询问商品信息、促销员回应的话轮毗邻对中。常常是顾客问一个问题，促销员回答两个或更多的方面。具体可分为以下几种情形：

1. 回答＋陈述。回答顾客所问信息，再补充更多的相关信息。如：

(1) C：这有那个，这有那个什么吗，有那个自拍功能吗？

　　S：有，这不自拍嘛！<u>防红眼儿什么的都有，摄像，带摄像的。装卡的那是</u>。

(2) C：手动的？

　　S：对，<u>而且百分之八十都是原装的件儿</u>。

2. 回复＋提供。回答的同时主动表示可以提供某种服务及优待条件。如：

(3) C：这最低多少钱？

　　S：这个也四百——<u>这个您要的话</u>，（按计算器）<u>我干脆七折给你走</u>。

(4) C：那下边儿床架还是木头的啊？

　　S：那一个排骨架儿。<u>你看我给打开你看</u>。

3. 回复＋评价。在直接回答顾客的问题后再对商品做出积极评价。如：

(5) C：这是什么皮呀？

　　S：牛皮的，<u>里外都是皮，很舒服</u>。

(6) C：它们是用、可以用数据线直接跟电脑联起来的。

　　S：现在买机子的话就带一根数据线，数据线、光盘，都有，<u>这样子比较小巧一点儿</u>。

4. 回复＋综合信息。除直接回答顾客的话外，同时还说出具有两种以上交际功能的话，可以包括介绍商品、评价、提供服务、承诺、建议等多方面内容。如：

(7) C：这是新款吗？

　　S：对，<u>放心吧。这灰鸭绒您穿挺好的，而且它的隔布都挺不错的，都是里面三层、外面又有三层。它这样不会掉毛</u>。（回答＋承诺＋评价＋介绍）

(8) C：你这一个、夏新有什么质量保证？怎么保证？

　　S：七天之内可以退机，十五天之内可以换机，一年保修，<u>这个外观挺简洁、大方的。而且来电的时候还有语音的报号儿。待机状态</u>

<u>下有语音报时</u>。（回答＋评价、介绍）
　　这些回应的方式，其实是促销员一方的一种交际策略，是促销员在行使推销功能。
（选自《语言文字应用》2007年第3期，现场促销员的会话策略分析，作者：张黎）

三　写作知识

　　毕业论文属于议论文，论点、论据和论证是构成一篇论文的三大要素。论点是作者在搜集、整理大量的材料，并对材料进行分析研究、提炼加工的基础上形成的。论据是用来表现、证明论点的各种材料。论点确立后，就要用论据来论证。论证就是运用恰当的方法把论据组织起来说明论点的过程。如果只有论据而没有论证的过程，就只能是材料的堆积，即使论文的论点正确，论据也充分，也会让人感到论点不突出，甚至有毫无头绪之感。因此我们在写作毕业论文时，就要根据论文的方向和论点来确定具体的论证方法。

　　汉语言专业的学生在写作毕业论文时，常用的论证方法主要有以下几种：

（一）举例论证法

　　又叫例证法，就是列举具体的、有代表的事例或统计数字、实验结果、图表照片等作为论据来证明论点的一种论证方法，也就是我们常说的"摆事实"。例证法运用客观事实来说明，真实可信，能增强文章的说服力。这是最常用而有效的论证方法。像上文阅读与讨论部分所提供的论文，就大量运用了举例论证法。

　　例证法是一种从材料到观点，从个别到一般的论证方法。具体来说，它通过对一些个别事例的分析和研究，归纳它们的共同属性，综合它们的共同本质和规律，从而得出一个带有普遍性的结论。

　　在写法上，例证法有先举例后议论的写法，有先摆论点再举例的写法，也有边叙边议的写法。还有先摆论点，再举例，然后再作议论的写法。

运用例证法进行论证要注意不能只是论点加例子，有据无理，也就是说不能只把例子摆出来，只叙述而不说理，不去揭示论点论据之间的内在联系。好的例证应该是紧扣论点进行充分的分析、说理，摆事实、讲道理，这样才能把论点阐述清楚。另外，所选的事例一定要真实而又典型。

（二）引用论证法

也叫引证法，是以人们已知的事理作为论据来证明论文论点的一种论证方法。引证法所引用的论据可以是已知的科学原理，各门学科的理论，前人取得的研究成果和古今中外名人的名言警句等。引证法可以增强论文的说服力，使论证更有力或更有吸引力。

在引用论证时，要注意所引用的言论应跟文献相符，不能断章取义，要在行文中对引文做出注释，标明引文出处。如：

商务汉语属专用汉语，对留学生而言，商务汉语就是一门专用外语。袁建民（2004）认为，"无论是学历教育还是非学历教育，'商务汉语'教学作为第二语言教学的一部分，它是以汉语作为技能训练手段，以商务知识作为讲授内容的专业汉语教学"。周小兵（2008）也认为，"商务汉语的教学目的是为了让学习者能用汉语从事与商务或经贸有关的活动"。

这段文字为了论证论点"商务汉语属专用汉语，对留学生而言，商务汉语就是一门专用外语"，引用了权威人士的言论作为理论依据，采用的就是引论证法。

（三）对比论证法

也叫对比法，就是对正反两方面的论据或存有差异的不同事物进行比较，用来证明论点的一种论证方法。对比可以是同一时期内不同事物间的横向对比，也可以是同一事物在前后不同阶段之间的纵向对比，通过对比，找出事物之间的异同。对比法可以充分揭示事物的本质或特性，使论点显得鲜明突出，给人印象深刻。

运用对比法一定要注意用来比较的事物之间要具有同一性、可比性，进行比较时的标准具有客观性。比方说，写作"中韩两国汽车广告语言的对比"时，如果拿宝马、帕萨特、别克君威等在中国的广告语与韩国现代汽车的广告语进行对比，就不具有可比性。因为比较的对象不具有同一性，虽然比较的都是关于汽车的广告语言，但宝马属于豪华车，帕萨特、别克君威属于中高档轿车，伊兰特属于中档车，车的档次不同，其消费群不同，广告诉求也不同，广告语言肯定存在差异，放在一起对比，只能说明不同档次的车，其广告策略和广告语言必有差异，但不能说明这就是中韩两国汽车广告语言的差异，这样得出的结论就不可靠。

运用对比法进行论证一般有两种写法。一种是先将一事物的特点按照对比点列出，再将另一事物的特点也相应地列出，最后得出结论，这种方法适用于篇幅比较短小的议论文。另一种是将比较的两个事物的相同或不同点按照对比点一一列出，再进行深入分析，这一方法在学术论文中被更多采用，比如探讨日常谈话中的文化差异，就可以从打招呼和告别、各种称呼、祝贺和称赞等方面引出汉外语言的不同点，再分析其深层原因。

（四）因果论证法

也叫因果法，就是根据事物之间的因果联系来证明论点正确的一种论证方法。比如分析跨文化交际中的一些问题，如中外文化冲突产生的原因，或是学生在汉语学习过程中遇到的困难，如习得"把"字句产生的偏误，就可采用这种论证方法。因果法通过揭示事物产生的深层原因，把问题说透，从而使论点更深刻，更有说服力。

运用因果论证法的前提是两种现象或事物之间一定要存在必然的因果关系。在现实生活中，事物的原因和结果往往不是简单的一对一的关系，一果多因，一因多果或多因多果的情况并不少见。运用时要正确分辨因果关系的复杂性，理清其中的逻辑关系，同时在论证时要注意原因的主次之分，论证要有面有点，有详有略。

以上这些方法可以逐一应用在一篇论文中，也可同时运用在一篇论文中的不同的位置。

四 范文

仔细阅读以下材料，分析其运用的论证方法。

范文一

广东菜在用料上的一个明显特点是常用海鲜。"吃海鲜不计腰中钱"是广东人在吃的方面一掷千金的真实写照。海鲜不但味道鲜美独特，而且营养极其丰富，再加上广东地处临海，有着吃海鲜的便利条件，海鲜价格相对内陆来说更加便宜，因而广东人爱吃海鲜，也常吃海鲜。海鲜是粤菜的半个代表，在餐厅的菜谱上很容易看到用海鲜取名的菜。其中最普遍是鱼类，虾类等。比如：油浸鲜鱼、百花酿墨鱼、腰果伴虾仁、干贝发菜、孔雀大虾等。除了有营养，味道鲜美，海鲜还代表着"生猛"、有"生气"、有"活力"的好兆头。

范文二

由上表的统计结果可知，随着汉语水平的提高，韩国留学生的错字偏误呈下降趋势，而别字偏误呈上升趋势。其实这是预料之中的，因为即使是以汉语为母语的学生，他们也会出现这种规律，肖奚强（2002）也提到这种情况以汉语为第一语言的人也常出现，特别是启蒙阶段的小学生极易出现。本人认为主要原因是因为刚开始学习汉字时，他们对汉字的笔画结构等不太熟悉，容易写错字，特别容易写错笔画。而学习的时间一长，他们接触汉字越来越多，对汉字的结构越来越熟悉，所以错字偏误明显减少了。可是，也正是随着他们接触和学习的汉字的增多，他们脑海里积累的同音字和外形相似的字也增加了，令他们难以区分，所以别字偏误就会逐渐增多，其中音相近形相似的汉字偏误最多。

范文三

以主打食品命名,是指把自己的招牌菜或主要经营的餐点作为餐馆名称的命名方式。这种命名方式占中国餐馆统计数量的38%。例如:"长春大泥鳅"、"得莫利炖鱼馆"、"吉源饺子馆"中的"泥鳅"、"炖鱼"、"饺子"都指明了餐馆的招牌菜和主要经营的菜式或餐点。

以这种方式命名的餐馆,会让人觉得它在某方面更专业,招牌菜更地道,因此能够有针对性地、有效地吸引饮食上有某方面偏好的消费者。比如喜欢吃鱼的人,会根据所看到的餐馆名称选择"得莫利炖鱼馆"去吃饭,而不会选择"吉源饺子馆",进了"得莫利炖鱼馆"一般也会点"得莫利炖鱼",因为是招牌菜,味道一定好。显而易见,这种命名方式远比广告的效应更好,更长久,而且还不用花广告费。

范文四

双关语指在一定的语言环境中,利用词的多义和同音的条件,有意使语句具有双重意义,言在此而意在彼的修辞方式。双关可使语言表达得含蓄、幽默,而且能加深语意,给人以深刻印象。比如"佳佳乐"中的"佳佳"跟"家家"是同音的,"佳佳乐"作为餐馆的名称会让人觉得又好又快乐,也会让人觉得每一个家庭都很快乐。再比如"面禾面面馆"中的"禾"是指谷类植物的统称,另外"禾"跟"和"同音,"和"有和谐的意思,"面禾面面馆"既说明了做面的材料又有和谐的感觉。因此人们会觉得餐馆里面的气氛很和谐。以这种方式命名餐馆是个很不错的选择。

范文五

根据笔者调查,俄罗斯餐馆最常用的命名方式是以历史、电影及文学等文化因素命名,中国最常用的则是以主打食品来命名。而俄罗斯以主打食品命名的餐馆只占统计总数的9%。由此可以看出,对俄罗斯人来说名称有文化内涵是很重要的,而对中国人来说餐馆做的菜本身才是最重要的。本人认为这与中国博大的饮食文化有关,中国人对吃非常讲究,讲究色香味俱全。中国人见面打招呼都离不开吃,常常会问:"你吃饭了吗?"。俄罗斯人一定要穿得好,但可以吃得不好,而中国人则把吃放在第一位,有句俗语叫"民以食为天"。由此我们可以看出吃饭这件事对中国人来说很重要。这也体现了两国价值观的不同。

中国有以食品的料理方式命名的餐馆,而在笔者所调查的俄罗斯餐馆当中一个也没有。本人认为,这跟中国有非常多的料理方式有关系。比如:炒、煮、烤、炖、煎等。而在俄罗斯只有两个主要做菜的方式:炒和煮。因此中国餐馆可以以这种方式进行市场定位,而俄罗斯的餐馆就很难做到。

范文六

众所周知,酒的产地是一种能够吸引消费者的力量。它与酒的质量有直接的关联,因为产地涉及水源、土质、气候温度等因素。科学证明,用好的水才能酿造出好的酒,有好的土质才能生产好的原料及辅料,适当的气候温度有利于酒的发酵。因此消费者以产地来选择酒是有道理的。比如:

中国:茅台酒 双沟酒 李渡酒 青岛啤酒 宝丰酒 景阳岗酒

韩国:안동소주(安东烧酒) 경주법주(庆州法酒) 한라산(汉拿山)
  　　무학 2 호(舞鹤 2 号)

酒类商品命名中的产地因素可分成两类:

第一类是直接采用产地名称或古称的。如:茅台酒、武陵酒(今湖南常德市)、안동소주(安东烧酒)、경주법주(庆州法酒)等。

第二类是采用该地区中有代表性的山水名称。如:德山大曲酒(德山)、太白酒(太白山)、九江双蒸米酒(九江)、한라산(汉拿山)、무학 2 호(舞鹤 2 号:舞鹤山)等。

中国的酒类品牌一百强中将近一半(49%)的酒类商品以产地因素命名。可是在笔者的统计中,韩国的酒类商品很少以产地因素命名,只占了 4%。

笔者认为,这可能是因为中国的面积广大,各个地区之间的气候、水土的差异也很大。这直接影响了不同地区的酒的酿造方式和口味。因此,产地成为中国酒类商品命名中最重要的因素之一。可是韩国的土地面积较小,因此与中国相比,各个地区之间的气候差异也较小。而且 1965 年韩国政府颁布的禁止用粮食酿酒的政策也起了一定的作用,导致了各个地区传统酒的停产。因此在韩国酒类商品名称中"产地"没有什么意义,也不能代表其产品的特点或体现其优势。

五 练习

(一)请分析以下材料运用了什么论证方法,其论证是否合理。

材料一

中越两国在文化上虽然接近,但也有不少差异。这造成中国影视剧进入越南时,其片名要做一定的调整,有时甚至完全改变原片名的内容。例如《非诚勿扰》是中国最近流行的影片之一,译者在充分了解影片内容的基础上,采用越南较浪漫并且符合影片内容的词语给该影片命名:Neuem la duynhat(《如你是唯一》)。

材料二

消费者的审美心理与商标翻译之间存在着非常密切的关系。商标翻译是一种面对消费者的重要宣传手段,它本身就是一种重要的社会文化,它不仅要遵循社会文化习惯,也要符合消费者的审美感。不同的国家当然有不同的风俗习惯,对美好和吉祥的看法也有所不同,有的名称在这个国家是美好的、吉祥的,到别的国家可能完全相反,变成丑陋的、凶恶的东西。因此,在商标翻译时要注意风俗习惯和审美心理的差异,不能简单地翻译。

材料三

以地域命名的餐馆在中国东北和俄罗斯西部都占11%。像品四川、长城火锅、东北餐馆等等,这种餐馆名在中国东北占11%,在俄罗斯西部也是11%。取这样的名称主要是因为中俄两国的面积都很大。因此经营者认为以地名命名餐馆是一个吸引客人的好方式。

材料四

中韩两国人民自古就有很多密切的联系,中华文化对韩国有比较大的影响,反映在比喻上,汉韩两种语言在比喻喻体的选择上有很多相似点。但由于民族的发展历史、政治制度、社会心理、风俗习惯以及居住区域、地理环境等方面的差异,汉韩比喻的喻体也有很多不同。

1. 植物词语作喻体

植物和人类的生活环境有着紧密的联系，因此世界各民族语言中都有许多用植物来作喻体的比喻。中韩两国的人民都喜欢用植物来比喻人或人的品质、特点等，例如都用桃花来比喻相貌俊美的妙龄女子，都用牡丹比喻雍容华贵的女子。除此之外，中韩两国人民也常用植物作喻体来比喻其他事物，例如都用芝麻粒来比喻写得很小的字。

在选择植物来作喻体时，汉韩比喻也存在着差异。这主要表现在两国人民选用不同的植物作喻体来表达相同的意义。例如，比喻脸因害羞而变红，汉语是"苹果"，韩语多用"红萝卜"。

2. 动物词语作喻体

中韩两国也用动物来比喻人或人的品质，如"牛"可以用来比喻人勤劳、朴实，"狐狸"比喻狡猾，"虎"、"狼"表示凶恶与残忍，"绵羊"代表温顺与柔弱，"蜜蜂"比喻勤劳，"癞蛤蟆"比喻丑陋等。

由于民族文化的差异，中韩两国人们对同样的动物也有着不同的联想，从而产生不同的动物比喻意义。例如，汉语说一个人淋雨后"如落汤鸡"，而韩语说"像落水的老鼠"；比喻胆小，韩语说"肝小如豆"，汉语则说"胆小如鼠"。

3. 其他事物作喻体

除了动植物以外，汉语和韩语还常用"山、水、云"等自然界的事物或人体部位来比喻其他事物或情况。例如两国都用左右手来比喻得力的助手，都用流水来比喻时间过得很快。

（二）从下列材料中选择一组论点和论据，并运用恰当的论证方法进行论证：

材料一

  论点：中国酒的命名包含着本国的传统文化、历史因素。

  论据：文君酒 乾隆酒 孔府家酒 杜康酒 关公坊酒 诸葛亮酒

     长城干红 黄鹤楼酒 水井坊酒 景阳冈酒 泰山特曲 杏花村酒

材料二

论点：中国的化妆品广告语多采用四字格式，而韩国广告语采用四字格式的很少。

论据：(1) OHUI (original energy 100/ 修护液) 广告

韩国："세상의 에센스를 잠재운 한방울！"

（把世界上的修护液淘汰掉的一滴。）

中国：植物精粹，生命原液

(2) DHC (DHC deep cleasing oil/ 深层卸妆油) 广告

韩国："클렌징, 이져 오일로 씻어내세요"

（Cleansing，今后用油来洗脸吧。）

中国：以油卸油　美肌起点

材料三

论点：留学生 A 使用汉语的否定结构时，倾向于将"没"跟"过去"联系在一起。

论据：以下是留学生 A 使用的否定结构：

(1) *上个学期他常常没上课，他说汉字难，不要学。

(2) *南非的冬天是比较冷，南非没有下雪。

(3) *刚来广州的时候，我没习惯了。

(4) *我从来没喝酒。

(5) *小的时候，我没喜欢去教堂，我告诉妈妈，我不要去教堂。

(6) *我在澳大利亚的飞机场看到他们，但是那时我没有了解他们。

(7) *昨天他们叫我去喝酒，我没想抗拒他们的建议，我跟他们一起喝酒。

(8) *我昨天晚上没睡得好。

材料四

论点：中国人在为企业命名时很讲究用吉利数字"九"。

论据：2008 年度企业排行榜 500 强中的部分企业名：九州通集团有限公司、九龙纸业（控股）有限公司、四川九洲电器集团有限责任公司、九

禾股份有限公司、上海九州通医药有限公司、大连九洲建设集团有限公司

数字"九"有其非常特殊的传统文化内涵。"九"有最高、最多、最大的含义，因而"九"成了天子的象征。中国人喜欢"九"还因为它是"久"的谐音。

（三）从教材中选取一篇范文，分析文章所运用的论证方法。

（四）预习：搜集一篇调查报告，并思考调查报告写什么、怎么写。它与我们之前阅读的论文有什么不同？

第十二课　数据与分析（一）

一　学习目标

（一）了解数据的意义和获取数据的方法。
（二）掌握问卷调查的方法和问卷的形式，能独立设计调查问卷。

二　阅读与讨论

阅读下面两段材料，思考文中的数据有什么作用？怎样才能获得这些数据？

材料一

我们来看看学生对商务汉语综合课的需求和意见。针对"你觉得自己到了本科三年级，汉语语法和词汇学得怎么样"，有84%的学生认为自己对汉语语法和词汇掌握得还不好，需要继续学习。针对"你希望开设的必修课程"，接近80%的学生选择商务汉语综合课。在回答商务汉语综合课的特点时，73%的学生认为商务汉语综合课"是商务专业课的准备课，为商务专业知识的学习打下语言基础"，只有4%的学生认为"商务汉语综合课只需讲授商务词汇和特殊句式，不用讲授其他内容"。

材料二

"是"字句是汉语中最常用的句子。在我们平时说话和写文章中，"是"字句的使用频率也相当高，这样老师和学生都会产生一种感觉：正确运用"是"字句已经没什么问题了。然而能熟练掌握并正确使用"是"字判断句的学生却不如我们想象的那么多。通过中国人民大学本科2000级学生二年级下学期的一次考试可以看出,韩国学生在中级阶段也还存在"是"字判断句用得不对的问题:考试题中有一个"是"字句是否正确的判断题,12名韩国学生,答对的4人,答错的8人。所以本文想通过分析韩国学生使用"是"字判断句的部分偏误问题,并结合汉语言专业本科二年级和学汉语一年以上的学生的此类学习问题,说明留学生学习"是"字句的困难和在使用"是"字句时常见的错误和原因,以期给学习汉语的韩国学生某些帮助。

三 写作知识

(一) 数据的意义和获取数据的方法

数据是毕业论文的重要依据,一般用来说明论文的选题意义和进行讨论的必要性,也可以作为文章的重要论据或结论,证明要说明的观点。有关语言应用研究、对外汉语教学研究以及商务活动等方面的论文,常利用各种调查手段或通过对文本(如学生平时的作业、中介语语料库、文学作品等)的考察收集材料,获得数据,并进行分析,得出结论。

一般来说,像"关于高级汉语综合课的调查研究""留学生网上购物的现状调查"等多采用问卷调查和访谈的方式获取材料和数据,而"外国留学生使用汉语介词结构的偏误分析""母语为英语者习得'再''又'的考察"等则多采用语言测试或自然谈话的方式来获取语料和数据。

所谓问卷调查,就是研究者通过事先设计好的问题来获取有关信息和资料的一种方法。具体来说,研究者以书面形式给出一系列与研究内容和研究目的有关的问题或看法,然后将设计好的问卷比较大规模地向调查对象发放,让被调查者回答,通过对问题答案的回收、整理和分析,收取所需材料并获取有关信息。

问卷调查有很多优点:(1)问卷可以同时发给许多人,实施起来比较经济方便。(2)因为调查一般不记名,被调查者对某些敏感问题也敢于作出真实的回答,数据比较可信。(3)问卷格式统一,收回的问答也是格式统一,符合标准,便于统计和比较。(4)由于问卷在同一时间发到全部被调查者手中,收回的信息没有时间造成的差异,所以比较准确。

第十二课　数据与分析（一）

问卷调查最大的不足是回收率低。填写问卷一般没有报酬，被调查者时间一忙，就会搁置一边。如果问卷太长，或者有些问题不容易回答，或者需要写很多话，都会导致回收率低。因此研究者在调查前一定要精心设计问卷，可以说进行问卷调查，关键就在于问卷的设计。

访谈也是一种重要的调查方式，对象可以是教师，问他们对教材、教法、学生的看法；也可以是访问学生，问他们的学习方法、学习习惯，遇到的困难，学习动机和学习目的，以及他们对教材、教法的看法等。访谈往往能得到意想不到的数据，其灵活性和亲切感是其他手段所不及的。但访谈花时间多，成本也高，有时难以实施。

语言测试跟问卷调查有所不同，它是研究者通过事先设计好的测试题来考察学习者对某个语言点的理解和掌握情况，是搜集偏误的一种重要手段。如：

请用"不"或"没"填空：

昨天下午我＿＿＿＿＿＿去上课，我病了。

用括号里给出的词语完成句子：

昨天下午我＿＿＿＿＿（学习　教室），我去图书馆借书了。

请用每一题中的词组成一个完整的句子：

1. 分钟　他　我　比　三　快

2. 他儿子　大　两岁　比　我儿子

语言测试所搜集到的语料真实度相对不高，但能得到研究者想要的语料和数据，所以也常常为研究者所使用。

自然谈话也常用来考察学习者对某个语言点的使用情况和偏误情况，所获取的语料一般来说比语言测试更为真实自然，但研究者想要得到的语料比例相对不高，操作起来也比较麻烦，较少为留学生所使用。

（二）调查问卷的形式

调查问卷大致分为两种形式：

1. 开放式的问卷，即在问卷中只提出问题，不提供答案，由被调查者自由回答，如：你对毕业论文写作课的教材有何看法？由于回答问题不受限制，被调查者可根据自己的意愿回答，特别适合那些答案类型很多或答案比较复杂或事先无法确定各种可能答案的问题。同时，它有利于发挥被调查者的主动性和创造性，使他们能够自由表达意见。调查往往能获得一些意想不到的、具有启发性的信息。开放式的问题制作容易，问题简单、直接，但是作答较费时，有可能降低问卷的回复率和有效率，数据整理和分析也较困难。

2. 结构化的问卷（封闭型问卷），指在问卷中不仅要提出问题，还要设计出备选答案，然后由被调查者从中选取一种或几种答案，但不能在这些答案之外作答。例如：

我对现在的毕业论文写作教材_____。

A 非常喜欢　B 比较喜欢　C 不太喜欢　D 很不喜欢　E 没看法

这种问卷结构明确，答案标准，容易取得被调查者的配合，它不仅有利于被调查者正确理解和回答问题，节约回答时间，提高问卷的回复率和有效率，而且也有利于对回答进行整理、统计和分析。但备选答案的设计难度较大，如果设计时没有充分考虑好各种情况，就会遗漏一些重要的信息，还有可能造成被调查者胡乱填写答案，从而降低回答的真实性和可靠性。

结构化的问卷，形式多种多样，其中常用的有以下几种：

(1) 填空式，即在问题后面的横线上或括号内填写答案的回答方式。如：

你跟朋友常常讲_____语。

你常常用（　　　）语给同学发邮件。

(2) 两项式，即只有两种答案可供选择的回答方式。如：

您的性别？（请在适用的括号里打〇）

男（　）；女（　）

(3) 选择式，即列出多种答案，由被调查者自由选择一项或多项的回答方式。如：

你希望精读课课文的内容是关于_____。（请在您选择的项目后打√，可选择多个答案）

A 健康　B 生活　C 社会　D 朋友　E 职业　F 经济　G 历史

H 婚姻家庭　I 科学知识　J 环境保护　K 中国传统文化

L 中国的风俗习惯　M 外国的人和事

(4) 排序式，即列出若干种答案，由被调查者给各种答案排列先后顺序的回答方式。如：

下面几个题型是口语教材中经常使用的，请你为这些题型打分。每个题型最高 10 分，表示这个题型对你学习汉语最有用；最低 1 分，表示这个题型对你学习汉语一点也没有用。

☐ 替换练习　　☐ 用所给词语完成句子　　☐ 完成对话
☐ 个人表达　　☐ 朗读　　　　　　　　　☐ 看图说话
☐ 复述课文　　☐ 根据课文回答问题　　　☐ 话题讨论
☐ 模仿对话并表演

(5) 等级式，即列出不同等级的答案，由被调查者根据自己的意见或感受选择答案的回答方式。如：

您对毕业论文写作课是否满意？（请按您的感受在下列适当的空格内打√）

☐ 很满意　　　☐ 比较满意
☐ 不太满意　　☐ 很不满意　　　　　☐ 不知道

常用的表示等级的词语还有：非常喜欢、比较喜欢、无所谓；讨厌、非常讨厌；经常、有时、偶尔、没有、不适用；很好、可以、不好、很差、无所谓等等。此外，还可以用数字来表示等级。如：

您对目前的工作满意吗？

　　　　5　4　3　2　1
满意 ☐ ☐ ☐ ☐ ☐ 不满意

您大学毕业时找工作容易吗？

　　　　5　4　3　2　1
容易 ☐ ☐ ☐ ☐ ☐ 不容易

其中，5、4、3、2、1 分别表示满意、容易的等级，依此类推。填答者只需在适合的方格内打"√"就行。

这种回答方式，适用于要表示意见、态度、感情的等级或强烈程度的定序问题。

设计问卷时，还可以将开放式和结构式这两种形式结合起来，也就是设计混合型的问卷。

（三）设计问卷时的注意事项

1. 关于问题的内容。要看问题是否必要？收回问题之后有什么用？各种问题可以作什么样的解释？同时，还要注意，问的问题要保证被调查者能够答得上来（问"毕业论文写作课有什么作用"就很难回答），避免提出带有诱导性的问题，也要避免和防止对答案倾向性的暗示。

2. 在词语运用方面要注意不要用过难的术语，要保证问题通俗易懂，不被误解。还要注意文字、语气要尊重被调查者，尽可能用中性词语，避免用否定性的或含有贬义的词句。

3. 问卷题目的数量应该有一个大致的范围。只有这样，才能既完成调查任务，又不使被调查者由于题目太多而产生厌烦心理。

4. 要注意控制回答问卷的时间。如果时间太短，调查的内容和范围往往受到局限；如果时间太长，被调查者往往会产生厌烦心理以致影响问卷调查的效果。

5. 要认真安排问题的排列顺序。一般来说，被调查者熟悉的问题放在前面，生疏或陌生的放在后面；简单易答的放在前面，难题在后面；易引起兴趣的问题放在前面，容易引起被调查者紧张或产生顾虑的问题放在后面；开放式的问题放在最后。

6. 正式调查前，问卷一定要试用和修改。由于问卷调查一旦进行，发现错误就无法弥补，所以设计好问卷初稿以后还必须试用一次，让类似于被调查者的人回答一遍，分析一下，所得结果是否反映了要调查的问题；或询问被调查者，听听他们有什么意见：问题是否清楚，有没有造成误会的地方，格式是否简便，答题时间是否合适等。经过修改后，才能用于正式调查。

四 范文

问卷 1

亲爱的同学：

你好！

我们想了解你写作文的具体情况，帮助我们今后的写作课教学与研究。希望你能根据自己的真实情况填写。谢谢你的合作！ ◁ 这一部分写了什么内容？

年级：　　　　性别：　　　　国家：

年龄：　　　学习汉语的时间：　　学习汉语写作的时间：

请在下边的（　）内填上 1，2，3，4，5。

　1＝从不这样做（几乎不或极少这样做），

　2＝一般不这样做（25% 左右的时间这么做），

　3＝有时这样做（有 50% 左右的时间这样做），

　4＝一般这样做（有 75% 左右的时间这么做），

　5＝总是这样做（几乎都这样做）

1. 在每次写作文前都会想先写什么，再写什么，最后写什么。
（　　）
2. 我在写作文之前会先写出提纲（outline）。（　　）
3. 写作文时我会一边写一边修改。（　　）
4. 写完作文后，我会再认真修改。（　　）
5. 写作文时，我会注意语法知识并检查句子是否正确。（　　）
6. 我先用自己的母语想好写什么，再翻译成汉语。（　　）
7. 我先用母语把作文写出来再翻译成汉语。（　　）
8. 我在写作文时，尽量用汉语思考写什么。（　　）
9. 写作文的时候，遇到想不起的字，我会查字典。（　　）
10. 我在写作文时查汉语资料。（　　）
11. 我用母语写作文的方法写汉语作文。（　　）

12. 写作文遇到困难时，我会鼓励自己写下去。（　　　）
13. 不知道某个词时，我用母语或其他语言的词代替。（　　　）
14. 不知道某个词时，我就换成一个同义词语。（　　　）
15. 不知道某个词时，我就用一个句子代替。（　　　）
16. 忘记了某个词时，我会努力回忆，直到想出来，再继续写。（　　　）
17. 忘记了某个词时，我会造一个新词来代替。（　　　）
18. 某个内容比较复杂，可能写不清楚时，我就少写一点儿。（　　　）
19. 我写作文时，不写自己不熟悉的内容。（　　　）
20. 我不使用我不大熟悉的句型。（　　　）

非常感谢您的支持与配合！

问卷 2

中级精读课调查问卷

亲爱的同学：

您好！

非常感谢您接受这个调查。本调查是一个以学术研究为目的的调查，无其他商业目的。请放心填写。

班级：　　　　你学汉语的时间：　　　　你的性别：　　　　国籍：

请您回答下列问题：

1. 每课多少个生词最合适？
   A. 30～40　　B. 40～50　　C. 50～60　　D. 60～70
2. 课文的长度多少个字最合适？
   A. 800～1000　B. 1000～1500　C. 1200～1800　D. 1500～2000
3. 生词的解释用什么语言？
   A. 汉语　　　　　　　　　　B. 英语
   C. 英语和法语（或日语、韩语）　D. 汉语和英语
4. 精读课需要配磁带吗？
   A. 主课文配　　　　　　　　B. 主课文和副课文配
   C. 生词、主课文、副课文都配　D. 不需要配

5. 每课几次上完比较好？

　　A. 1 次　　　　　　B. 2 次　　　　　　C. 3 次　　　　　　D. 无所谓

6. 精读课文应当是_____。

　　A. 以口语为主　　　B. 以书面语为主　　C. 口语和书面语各一半

7. 课文的内容是关于_____。（可以多项选择）

　　A. 健康　　　　　　B. 生活　　　　　　C. 社会　　　　　　D. 朋友
　　E. 职业　　　　　　F. 经济　　　　　　G. 历史　　　　　　H. 婚姻家庭
　　I. 科学知识　　　　J. 环境保护　　　　K. 中国传统文化
　　L. 中国的风俗习惯　M. 外国的人和事

8. 精读课文最重要的是什么？（重要 5 分→不重要 1 分）

　　□ 语言很规范　　　□ 很有趣　　　　　□ 以中国文化为主
　　□ 各个方面的内容都有　□ 除了语言知识之外，还能学到一些其他知识
　　□ 语言、内容都很有用

9. 精读课的生词需要分出重点词语吗？

　　A. 需要　　　　　　　　　　　　　　　B. 不需要

10. 精读课需要听的练习吗？

　　A. 听老师用汉语讲课就是听力练习，不需要其他听力练习
　　B. 可以有听写一段话的练习　　　　　C. 应另外有听力练习

11. 精读课应当有说的练习吗？

　　A. 应根据课文内容进行说的练习　　　B. 应有另外的话题进行说的练习
　　C. 不需要有讨论和说的练习

12. 初级阶段学习的语法您掌握得怎么样？

　　A. 很好　　　　　　B. 比较好　　　　　C. 不太好　　　　　D. 很不好

13. 精读课的练习应当包括_____。（可以多项选择）

　　A. 词语练习　　　　B. 语法练习　　　　C. 语段练习
　　D. 形似字、多音词的练习　　　　　　　E. 写作练习

14. 中级阶段学习的难点是什么？（很难 5 分 → 不难 1 分）

　　□ 生词　□ 汉字　□ 近义词的区别　□ 特殊句式　□ 固定结构　□ 形似字
　　□ 多音词　□ 成语　□ 虚词　□ 长句式　□ 复句　□ 听力　□ 说话

15. 你认为精读课应当_____。（可以多项选择）
    A. 是基础课，主要讲练生词、语法等语言知识　　B. 扩大生词量
    C. 提高阅读理解的能力和书面表能力　　　　　　D. 提高语法水平
    E. 是综合课，进行听说读写的综合训练　　　　　F. 全面提高听说读写的能力

五　练习

（一）请分析以下调查问卷的设计是否科学合理：

高级汉语综合课的调查问卷

1. 您对高级班的综合课有什么意见：
   _____
   _____

2. 您比较喜欢哪种类型的题目（多选）：
   □ 科学知识　□ 新闻报道　□ 婚姻家庭　□ 日常生活　□ 小说
   □ 中国文化　□ 社会　　　□ 保健知识　□ 论说文　　□ 说明文

3. 您认为词语或语法注释要多少个例子合适：
   □ 3　　□ 4　　□ 5　　□ 6　　□ 7　　□ 更多

4. 您认为词语或语法注释的例子对你有很大的帮助吗：
   □ 是　　□ 否

5. 您认为什么样的练习方式有好处（多选）：
   □ 注音　　　□ 反义词或同义词　□ 填上词语　　　□ 完成句子
   □ 改写句子　□ 改错　　　　　　□ 内容的判断正误　□ 填空
   □ 解释词语　□ 造句　　　　　　□ 排列句子
   您最喜欢哪种练习方式：_____。
   您认为课堂上还可以采用什么样的练习方式：_____。

6. 您觉得在高级汉语综合课上，您最需要哪些练习（可多选）：
   □ 近义词语的练习　□ 语法练习　　　　　　□ 成语、惯用语练习
   □ 写作　　　　　　□ 关于课文内容的练习

7. 您觉得在高级汉语综合课上，您最不需要哪种练习（单选）：
　　□ 近义词语的练习　□ 语法练习　　　　　　□ 成语、惯用语练习
　　□ 写作　　　　　　□ 关于课文内容的练习

8. 高级汉语综合课教材的注释内容如下，您认为哪种是最需要的（单选）：
　　□ 近义词语辨析　　□ 虚词和句式用法的注释
　　□ 修辞的注释　　　□ 汉语里特殊的习惯用法的注释

（二）请针对"毕业论文写作课"的教材，结合学生的实际需求，设计一份调查问卷，并进行调查。

（三）预习：对第十三课"阅读与讨论"中出现的表格或图表进行分析。

第十三课 数据与分析（二）

一 学习目标

（一）掌握数据分析的基本要求和写作格式。
（二）了解调查分析类论文的写作内容和结构框架。

二 阅读与讨论

阅读下列材料，讨论表格和图表中的数据需通过什么方式获得？反映了什么情况？如何用文字将表格和图表显示的内容表达出来？

韩国学生对"在"字结构的使用情况

用法	使用句子数目（个）	在句子总数中所占的百分比（%）
表示时间	3	4.35
表示处所	59	85.5
表示范围	6	8.7
表示条件	1	1.45
表示行为的主体	0	0
总计	69	100

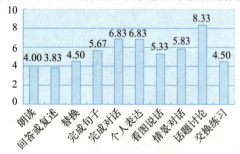
留学生对中级口语教材练习题型的感兴趣程度

（问卷采用10分值的方法，让学生根据其对某个题型感兴趣程度给这一题型打出分值，最低为1分，最高可以为10分。）

三 写作知识

（一）数据的整理与分析

我们在写作论文时，也常常会根据通过调查或对文本的考察所得到的数据进行统计，制作表格、图表，以更清晰地显示调查结果，并进一步展开分析、讨论。

通过调查等手段收集到的原始数据一般是杂乱无章的，难于从其中直接看出有意义的东西。因此一般需要对原始数据加以整理，以便把我们感兴趣的信息提取出来，并以简明醒目的方式表达出来，再作进一步的分析讨论。

对数据的整理分析没有什么固定的步骤或程序，在很大程度上取决于研究的目的，研究人员的直觉或兴趣。一般来说，应首先把数据加以整理、筛选和分类，然后反复阅读这些材料，从中寻找有规律性的现象或重复出现的东西。很多时候，数据本身会显露出某种情况或现象，引起研究者的注意。

（二）写作调查类论文的注意事项

这类论文跟其他论文一样，由引言、本论和结论三部分组成。写作内容主要包括：

1. 调查的目的及对象。
2. 调查的内容、方法和时间。
3. 以图表或文字说明得到样本的情况，显示调查结果。
4. 对结果进行分析，指出具有讨论价值的问题，提出自己的看法。
5. 写出结论。

论文的基本结构框架如下：

1. 引言
2. 本论
   2.1 调查设计：调查对象与调查手段等
   2.2 调查结果与分析
3. 建议或结论

（三）写作中的常用语句

1 指出调查范围、对象、目的、方式等的语句

（1）**本次的调查对象为** 162 名学生，**其中**中山大学国际汉语学院初级班 46 名学生、中低级班 49 名学生、中高级班 31 名学生、高级班 17 名学生、中山大学汉语国际教育专业的中国硕士研究生 19 名。

（2）**本次调查形式是**语法填空，一共 40 题。

（3）**本次调查主要采取**问卷调查方式，**目的在于**了解在京出口企业及其商标命名和翻译的现状，以便总结经验，找出不足。

（4）**本文针对**四套教材中最常用的十种题型**进行**问卷调查，旨在考察学生感兴趣以及认为有用的题型。**希望**能对以后的对外汉语中级口语教材的编写提出一定的参考意见和建议。

2 引出调查结果的词语

调查表明 / 显示 /……　　　　从 / 由……可以看出……

（1）**调查显示**，学生最感兴趣的五个题型分别是："话题讨论"、"完成对话"、"个人表达"、"情景对话"和"完成句子"。最不受学生欢迎的三个题型是："根据课文回答或复述""朗读"和"替换练习"。

（2）**从上表中我们可以看出**，在这四套教材中，《新生活汉语》中机械性练习所占比例最高，为 53.6%，而《阶梯汉语》中机械性练习所占比例最低，只有 15.1%。

（四）范文

范文一

韩国留学生口语中使用介词"在"的调查分析

1. 引言

介词是第二语言学习中较难掌握的一个部分。汉语介词很多，其中在 HSK 词汇

大纲甲、乙、丙级词汇中出现的介词有"把、被、比、从、打、当、给、跟、对、和、叫、为、为了、在、照"等40个，而在初级阶段，学习者能够使用的介词并不太多，它们大部分集中在"在、跟、对、和、给、从、为了"7个介词上（赵葵欣，2000）。其中"在"是留学生使用最多的一个介词。

> 你能概括这一部分的内容吗？

本文将在已有研究成果的基础上，对韩国学生学习和掌握介词"在"的情况进行调查，并分析韩国学生在使用介词"在"的过程中的偏误，以期为对韩国学生的介词教学提供一些思路。

2. 研究方法

2.1 调查对象

本调查的对象背景单一，是韩国三星集团公司人力开发院2000年4月至2000年12月部分汉语学员，共三期54人。这54人平均年龄为35岁，入学前只有部分学生曾经到过中国，对汉语有一定的认识，其余学生从来没到过中国，对汉语没有任何感性认识。他们入学时全部为零起点，学习时间为10周，共324学时，折合中国学时16周，相当于一个整学期。调查是在他们学习结束之后进行的，此时学生已经学完了汉语的基本语法。

> 请你简单介绍本文的调查对象和调查方法。

2.2 调查手段

2.2.1 调查内容设计

本调查采取的方式是模拟实际交际场景的对话问答式。根据调查内容可以分为两部分，第一部分是由测试者提问，被测试者回答，主要由被测试者介绍、说明、描述事物以及阐述自己对事物的看法等。第二部分是按角色进行交谈，由测试者与被测试者同时模拟实际生活中的交际场景，按照不同的角色进行表演，如在饭店预订房间、在机场送别等。测试者与每个被测试者的交谈时间为半个小时，将测试内容录音，所得语料总时间为27个小时。

与此同时，我们对王朔的小说《顽主》也做了统计分析，以便于对母语为汉语者与韩国学生使用"在"时的不同做一些对比分析。

2.2.2 数据收集与分析

在对录音材料进行转写以及对王朔的作品进行统计时,为了便于统计和计算,我们把在一个句子中出现两个"在"字的句子做了分别统计,如:"在上大学的时候,我住在汉城"这样的句子,我们将其按两个句子处理,分别归入"在上大学的时候……"表示时间和"住在汉城"表示处所。

3. 调查结果与错误类型分析

> 请概括本文的调查结果。

3.1 结果

在对韩国学生27个小时的录音进行转写的过程中,我们共整理出103个使用"在"的句子,其中34个句子是动词"在"的用法,如"我家在水原"、"我们公司的工厂在苏州"等。学生对动词"在"的用法掌握非常好,我们所得的34个句子中,没有一例使用错误。

在103个句子中,"在"作介词使用的有69个,占总数的67%。其中正确的句子有26个,占介词使用总数的37.68%,使用错误的句子有43个,占使用总数的62.32%。

> 在这一部分,作者分析指出韩国学生与母语为汉语者在使用介词"在"的时候既有相同点,又有不同点,你能找出来吗?

3.2 分析

3.2.1 "在"字结构的使用情况分析

据吕叔湘(1980),"在"字结构用法有五种:1.表示时间;2.表示处所;3.表示范围;4.表示条件,构成"在+动名词短语+下"的格式,用在动词或者主语前边;5.表示行为的主体。

根据这样的意义分类,我们进一步分析韩国学生使用介词"在"的情况,见表1。

表1　韩国学生对"在"字结构的使用情况

用法	使用句子数目（个）	在句子总数中所占的百分比（%）
表示时间	3	4.35
表示处所	59	85.5
表示范围	6	8.7
表示条件	1	1.45
表示行为的主体	0	0
总计	69	100

从表1可以看出：在69个句子中有59个是表示处所的，占总数的85.5%。由此可以得知：学生在使用"在"字结构时，主要集中在"表示处所"这一用法上。这跟我们对王朔的《顽主》进行整理分析时所得出的结果是一致的。在王朔的《顽主》中，我们共整理出152个使用"在"的句子，其中动词用法为6个，占总数的3.95%，介词用法为146个，占总数的96.05%。在介词用法中，不同意义的使用情况见表2。

表2　母语为汉语者对"在"字结构的使用情况

用法	使用句子数目（个）	在句子总数中所占的百分比（%）
表示时间	4	2.74
表示处所	138	94.52
表示范围	2	1.36
表示条件	2	1.36
表示行为的主体	0	0
总计	146	100

由表2可以看出，《顽主》中表示处所的句子共出现138个，占介词用法总数的94.52%。结合上面对表1的分析，我们可以看出：韩国学生与母语为汉语者在使用介词"在"的时候，最常使用的都是表示处所的用法。

表示处所的"在"字结构，有的可以放在动词或者形容词的前边作状语；有的可以放在动词或者形容词的后边作补语。那么韩国学生和母语为汉语者使用"在"字结构作状语或者作补语的情况是不是保持一致呢？调查显示，他们所使用的"在"字结构在这方面有很大的差异：在《顽主》里表示处所的用法中，"在"字结构作状语的共有64个句子，占46.04%；作补语的有75个，占53.96%。也就是说，中国人使用介词"在"表示处所的时候，作补语的用法比作状语的用法略多；然而在我们所收集到的韩国学生所使用的表示处所的"在"字结构中，用在动词或者形容词前边的有 55 个，占总数的 93.22%；用在动词或者形容词后边的有 4 个，占总数的 6.78%。由此可见，韩国学生在使用"在"字结构时，作状语的情况远远多于作补语的情况，"在+处所+VP"是学生所使用的典型结构。

3.2.2 偏误类型分析

在上文中，我们主要考察韩国学生对"在"字结构的使用情况，没有考虑学生在使用该结构时的正误。正如我们在调查结果中所指出的那样，学生在使用介词"在"时存在很多问题，使用的正确率远远低于我们在调查前所做的估计。

通过分析，我们可以看出学生使用最多的是"在+处所+动词性词语"这一句型，出错最多的也是这一句型。他们的错误大体可以分为三类：

第一类：介词缺漏。如：

(1) *我三星电子公司当科长。

(2) *现在我水原工厂工作。

(3) *他每天外边和别人玩玩儿。

这类偏误在所有错句中所占的比例非常大，我们认为这是母语对目的语学习所形成的负迁移。在韩国语中，与汉语介词"在"相当的副词格助词需要放在表示场所、地点的名词性词组后面，如"我在北京外国语大学学习"，按照韩国语的语序排列应该是"我北京外国语大学在学习"。学生受母语的影响，先把介词的宾语说了出来，同时由于大部分的韩国语词尾或者补助词在汉语中没有相对应的词，在由韩国语转化为汉语的过程中，学生们已经习惯了把各种词尾或者助词直接省略不说，所以在说完了介词宾语以后，也就直接说出了动词，而把介词"在"置于脑后了。

第二类：状语后置。如：

(4) *我工作常常在外边。

(5) *为什么我学习汉语在这儿？

(6) *我住了两年在台湾。

这类错误并不多，在我们所搜集的例句中只有上述三例。一方面，在韩国语中表示时间或者处所的状语虽然偶尔也可以放在动词后边，但大部分跟汉语一样需要放在动词前边，另一方面，汉语"'时空类状语要放在动词前'这一规则规律性强，对照清楚"，所以学生掌握较好。

第三类：方位词多余。如：

(7) *在香港里，高楼很多。

(8) *在中国里,我们的市场占有率不太多。

这类错句是在不该用方位词的地方用上了方位词。"在+宾语"表示处所时,如果宾语本身是表示普通事物,而不是处所名词,在这些宾语的后边应该加上方位词,使之变为表示处所的词语。但是如果"在"后边的宾语本身已经表示地理范围了,如"香港"、"中国",那么它本身已经是处所了,就不能再加方位词了。学生在学习过程中,不了解"教室"、"学校"等名词与"香港"、"中国"类名词的差别,按照"我们在教室里学习"这样的格式来套用,犯了泛化的错误。

除了上述各种错误以外,我们发现在学生所使用的句子中还存在"在"多余的两种错误,第一种是:

(9) *现在我的妈妈和我们一起住在。

(10) *我也愿意在中国住在。

我们认为,这类问题产生的原因是学生在学习的初级阶段接受"在"字结构作补语的用法时,不是把"在+处所词语"看成是动词"住"的补语,而是把"住在"作为一个词语来记忆的,因此混淆了"住"与"住在"的区别。

另一种错误是:

(11) *最近在中国家电的价格降价很大。

(12) *汉城大学是在韩国最好的大学。

这类句子中国人是不会使用"在"的,如例(11)我们一般说成"最近中国家电的价格降得很厉害";例(12)我们一般说成"汉城大学是韩国最好的大学"。但是学生却使用了"在"。

4. 对教学的启示

基于上述分析,我们试着对韩国学生介词"在"的教学提出一些看法。

第一,受母语的影响,韩国学生在使用"在+处所+VP"时,常常遗漏介词"在",尤其是在初期阶段。这就需要我们在教学中不断强化"在"的使用。

第二,学生由初期的"在"字结构作状语发展到"在"字结构作补语时,容易将"住在"、"坐落在"等看成一个词使用,这一方面给学生正确使用"在"字结构作补语带来了一些便利,另一方面也影响了学生对"住"、"坐落"等词的掌握,我们在教学中需要注意帮助学生对这些词语加以区分,以便准确掌握它们的用法。

第三，汉语中，某些方位词语在表达时必须使用介词"在"，而另一些方位词语在使用时则绝对不能使用介词"在"。如果教师对用或不用介词表示方位处所的特点讲解不清楚，可能会给学生带来很大的困惑，因此我们认为，课堂上老师对此加以适当强调可能会对学生掌握汉语介词"在"的特点有所帮助。

以上只是对韩国学生学习和使用介词"在"所做的一些微观的分析，其他国家的留学生在使用"在"时存在什么样的问题，以及韩国学生在使用其他介词时存在什么样的问题，学生对这些介词的使用有没有一些共性的规律在里面，还需要我们做进一步的调查和研究。

（选自《语言教学与研究》2001年第6期，作者：丁安琪、沈兰，略有改动）

范文二

商务汉语毕业生就业现状调查与分析
——以中山大学国际汉语学院为例

1. 引言

随着经济全球化的升温，中国经济快速发展，众多驻华企业或在海外拓展业务的中国企业，对精通汉语并拥有相关商务知识和技能的国际化人才有很大的需求，而汉语言专业商务汉语方向的毕业生正是这批人才当中的"主力军"。

中山大学国际汉语学院于2007年设立汉语言专业商务汉语方向，致力于培养了解中国国情，适应现代社会商务、政治、文化需要，能较熟练地运用汉语进行商务工作的应用型人才。随着办学经验的丰富，办学水平日臻成熟，商务汉语的课程设置趋向于增强实践性，教学理念更注重能力和素质的提升，以更好地培养出符合社会需求的人才。

掌握近几年中山大学国际汉语学院商务汉语方向本科毕业生的就业现状，了解其在工作中面临的挑战，收集他们对该课程的建议，可以促进完善商务汉语本科培养方式，提高毕业生的竞争力，为此，笔者设计了"商务汉语毕业生就业现状调查问卷"，并于2011年12月展开调查。通过统计分析商务汉语方向毕业生的就业状况，希望为国际汉语学院商务汉语的人才培养计划提供具有前沿性和客观性的信息参考。

2. 调查问卷设计说明

2.1 调查目的

为了进一步了解商务汉语方向毕业生的发展现状，本调查收集商务汉语方向毕业生的去向、初次就业等情况，通过统计分析，对商务汉语课程教学与管理提出合理化建议，从而推进商务汉语课程教学与商务汉语人才培养向更好的方向发展。

2.2 调查对象

本次调查对象为 2009 届至 2011 届中山大学国际汉语学院汉语言专业商务汉语方向本科毕业生。

2.3 调查实施过程

首先完成调查问卷电子版的设计，并从留学生办公室获取 2009、2010 及 2011 届中山大学国际汉语学院汉语言专业商务汉语方向本科毕业生的名单及联络方式。接着以电子邮件的方式邀请毕业生参加本次调查，对没有回复邮件的毕业生通过电话访问或者以邮寄方式发放调查问卷。最后，整理、分析回收的有效问卷。

2.4 调查情况说明

本次调查共发放问卷 45 份，回收 28 份，其中有效问卷 25 份。本次调查问卷出现了回收率偏低的问题，这主要是由于许多毕业生因回国，或其他原因更改了他们的联络方式。

按照调查的目的，本次调查使用的"商务汉语毕业生就业现状调查问卷"由 20 个题目组成，调查问题主要为：毕业后首年的就业去向、面临的困难及挑战、工作类型、工作职位及薪资水平、就业途径、职业培训以及对商务汉语课程设置的建议等内容。

3. 调查结果及分析

> 在这一部分，作者从几个方面来介绍调查结果？运用了哪些论证方法？

3.1 毕业去向

从图 3.1 我们可以看出，73.08% 的商务汉语毕业生选择了直接参加工作。选择继续攻读研究生或边学习边工作的毕业生仅为

11.54%。这鲜明的对比，主要是源于我院的毕业生受到珠三角地区浓厚的商业氛围的影响，当他们掌握了基本的汉语交流能力，就可以获得当翻译或跟单员的兼职机会。还有许多留学生在学习期间，通过参加一年两度的广交会或者其他活动结交了一些外国客商，这些外国客商为他们提供一些短期的兼职翻译或跟单服务。除此之外，还有15.38%的毕业生选择自主创业。在学习期间，他们通过参加广交会等与外商交流的活动，获得了人脉，还有经验，同时也获得了独立从事外贸活动的机会。因此当他们看到了商机，萌发了创业的念头。

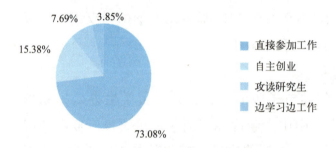

图3.1　商务汉语毕业生毕业去向

除了上述几点之外，通过图3.2我们发现，近一半的商务汉语方向毕业生优先考虑选择本国企业作为初次就业的雇主，其次，30.77%的毕业生选择了中国大陆企业，自己开公司的占了15.38%。去政府、科研机构的所占比例是最少的。

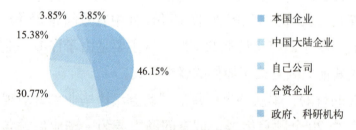

图3.2　商务汉语毕业生初次就业雇主类型

大部分毕业生选择本国企业的主要原因是因为这些企业在中国设有公司，而这些公司的负责人大部分不精通汉语，因此需要招聘一些懂汉语的本国人士来担任一些协调工作。留学生在这方面就很有优势。而中国大陆企业对商务汉语方向毕业生的吸引力，主要是因为最近几年中国企业在海外的投资和进口业务不断扩张，对精通汉语、拥有目标市场国籍的工作人员的需求日益剧增。商务汉语方向的学生把握了这个机会，进入中国大陆企业工作。而由于政治等方面的因素，这些学生大都没有选择留在政府或者科研机构工作。一方面，是他们觉得不太自由，没有更多的空间让他们发展；另一方面，许多毕业生在未毕业或者刚毕业时已经找到工作，没有继续深造下去，在知识积累上还是相对欠缺，因此不适合科研等工作。

3.2 求职过程

根据对商务汉语方向毕业生就业渠道的调查，图 3.3 和图 3.4 显示近九成的毕业生在还没有毕业，或毕业后六个月以内成功就业。而在这些毕业生中，只有少数人通过专业求职网站或者实习单位留任找到工作，其余大都是通过朋友介绍的方式找到工作的。以上数据表明，中山大学国际汉语学院商务汉语方向的毕业生找工作还是比较顺利的。一方面，他们的市场需求比较大；另一方面，毕业生们也擅于动用人脉关系去实现就业。

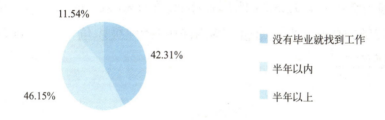

图 3.3　毕业后多长时间找到工作

图 3.4　初次求职成功的渠道

虽然大部分同学很快找到了工作，但从图 3.5 可以看出，近 20% 的毕业生认为找工作并不是一件很容易的事情。而认为很容易找到工作的也只占了 20% 不到。

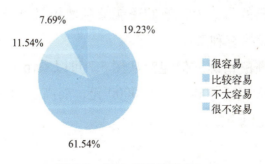

图 3.5　初次求职的难度

笔者认为，造成以上这种情况的原因，首先是大部分毕业生在校时缺乏系统的就业指导，因此在找工作或者工作时缺乏一个完整的规划。其次，他们往往单一地依赖朋友介绍工作这一方式，而忽略了其他就业途径。其实，当今社会有许多求职途径，如直接向感兴趣的行业单位投简历，也可以多关注诸如国内外专业就业网站、人才市场、就业周刊等信息渠道，让自己获得更多的就业讯息。当然不可忽视的一点是，大部分毕业生找到工作并不是很困难的，因此我们依然可以从中看出社会对商务汉语人才的需求量比较大。

3.3 初次就业的职位及待遇

从图3.6我们可以看出商务汉语专业方向毕业生初次就业的岗位情况呈现出相对集中的特点：除了15.38%的毕业生选择当老板以外，57.69%的毕业生为贸易跟单员，15.38%的毕业生从事营销和销售的经理级职位，还有11.54%的毕业生从事汉语/母语翻译。

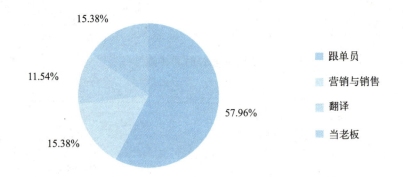

图3.6 初次就业从事的职位

从职位的角度我们可以看出，商务汉语方向的毕业生一般都能够胜任较高的职位。这说明商务汉语学生在就业中还是有优势的：第一，他们本身具有较广的国际视野，对自己国家的情况比较了解；第二，他们在学习期间拥有商务综合性知识和技能；第三，除了自己的母语外，他们还能流利地用汉语进行交流，这增强了他们的竞争优势，成为就业的有利条件。

那这些毕业生的薪酬情况如何呢？从图3.7可以看出，53.85%的毕业生在初次就业时月工资范围在人民币5000元至10000元，而高达38.46%的毕业生初次就业工资在人民币10000元以上。

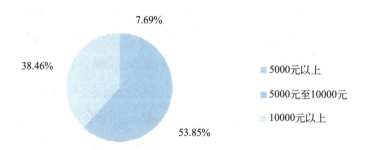

图 3.7　初次就业的工资水平

从这些数据可以看出，商务汉语方向毕业生的工资水平，无论按中国的消费水平还是海外中等发达国家的消费水平来说，都相对比较高。这说明商务汉语专业方向的学生就业形势还是不错的。但是，也有 7.69% 的学生收入不到 5000 元，这一部分学生还是有必要提高一下自己的就业能力，比如考虑一下是否换个岗位，或者在公司中多思考，多学习，更好地融入到公司的工作中，毕竟他们还有很大的进步空间。

3.4 初次就业的满意度和求职的最大障碍

在对初次就业满意度的调查中发现（见图 3.8），73.08% 的毕业生认为非常满意或比较满意，而剩余的毕业生则表示对第一份工作不太满意或很不满意。这一较高的满意度源于商务汉语毕业生的工作后获得较好的薪水、待遇和职位，既满足了他们的生活、娱乐，又不失身份。也有些毕业生对自己的工作满意是因为他真心喜欢这项工作，他能够在工作中找到自己的意义和价值。

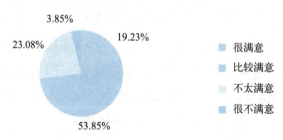

图 3.8　对初次就业的满意度

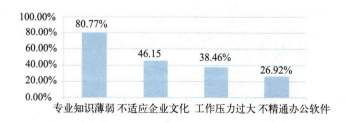

图 3.9　初次就业遇到的最大障碍

在调查初次就业遇到的最大障碍（见图3.9）时，我们发现以下几个问题：

首先，高达80.77%的毕业生表示障碍源自专业知识的欠缺。上文我们也提到，珠三角的商业气息较为浓烈，学习风气也相对较为浮躁。很多毕业生甚至因为自己找到了工作，就放弃了继续学习深造的机会，因此造成很多学生底气不足，知识欠缺。

其次，有46.15%的毕业生表示他们无法融入到新的企业环境。笔者认为，由于大学环境与社会环境存在差异，很多毕业生在学校又没有接受过专门的企业文化培养，因此造成许多初次就业的毕业生会对企业环境和企业文化不适应，这些问题极易导致毕业生们对工作无所适从，工作满意度下降。

再次，有38.46%的毕业生认为工作压力过大，这一个问题也是现在整个社会都存在的问题。随着科技知识的日新月异，各国的交流更加频繁，企业需要的人才也必须与时俱进，致使很多毕业生觉得压力过大。同时，住房、工作、家庭、人际交往等等问题困扰着他们，一旦处理不好，就会产生厌倦的心理。

最后，26.92%的毕业生认为最大障碍是还不能熟练操作办公软件。笔者认为这可以通过学习和练习得以提高，因此问题不大。

3.5 对商务汉语课程在实际工作的运用评价

目前我院商务汉语方向的专业课程主要有：经济学、国际贸易、涉外经济法、当代中国经济、经济调研等。根据图3.10显示，76.92%的毕业生认为学习上述课程对日后的工作很有帮助或有较大的帮助。认为帮助很小，或没有帮助的占23.08%，这部分的学生主要是自主创业的毕业生。以上情况表明，商务汉语方向的毕业生对国际汉语学院目前开设的商务专业课程基本满意，这些课程也给他们的工作带来一定的帮助。但对于那些想毕业后马上创业的毕业生来说，现有的课程设置还不是最合适的。因此我们在学习的过程中，还需要考虑到一个问题，哪些知识是适合我们的，哪一些并不适合我们，我们应该有一个明确的目标和方向。

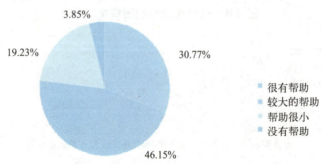

图3.10 对商务汉语专业课程实际运用评价

3.6 毕业生对商务汉语人才培养的建议

本调查问卷的最后一题属于开放题，毕业生根据他们在工作中运用本科期间所学知识的实践体验，提出了以下针对商务汉语教学与管理的建议：

商务汉语方向的留学生应在毕业前享受与中国学生同等的就业指导和支持。

希望学院出面联络企业提供实习机会，这样他们可以在毕业之前更好地了解中国企业的运作模式、制度、企业文化等相关知识。

希望学院组织学生参加校内外的商务活动，如展览、论坛及工厂参观等。

增设一些能够提高商务实践能力的必修和选修课程，如项目管理、会计基础、数学、办公自动化、商务礼仪、职业规划等，着重培养学生的商务应用技能。

增加更多结合实际工作的商务活动案例，使学生可以近距离地体验中国商务贸易的真实环境。

有部分来自东南亚国家的毕业生来中国前英语水平不高，来中国后由于投入学习汉语，耽搁了英文学习，毕业后才发现英语是从事国际贸易业务相关工作不可或缺的工具。因此他们希望商务汉语专业方向能够增加商务英语的教学，或采用中英文对照的方式进行教学。

4. 对商务汉语方向留学生管理工作的启示

4.1 建立毕业生调查跟踪机制

根据上面的调查分析，笔者建议学院每年对毕业一年和毕业三年的毕业生进行一次就业状况调查。这样可以清晰地了解到商务汉语方向毕业生的工作稳定程度及发展方向。除此之外，本项调查还可以为学院改进商务汉语课程设置提供客观、有价值的参考和依据。在具体操作方面，笔者认为需要建立并完善商务汉语方向校友资料库建设，建立、健全毕业生与学院的联络渠道，增强毕业生之间的凝聚力。为了节省成本以及方便数据的收集，可以在学院的网站或独立的页面建立网络毕业生调查填答平台。同时，为了提高毕业生参与就业状况调查的积极性，应在学生尚未毕业时，在适当的场合积极宣传"毕业生调查"的重要性，使毕业生明白他们的建议是非常宝贵的，值得重视。

4.2 设立就业指导办公室

本次调查有毕业生反映，希望商务汉语方向的留学生毕业之前能够跟中国学生一样接受就业指导。为此,笔者建议学院设立就业指导办公室,不定期组织就业宣讲会,邀请人力资源专家演讲并为学生提供相关的咨询,组织职业培训等。通过就业指导,提出具体可操作的实践建议,增强学生就业竞争力,为良好的工作前景奠定基础。

4.3 加强校企合作,交流实习信息

不熟悉中国企业环境和制度,也是毕业生在本次调查中反映的问题之一。笔者建议学院与广东一些较有规模、国际化程度较高的企业建立合作关系,推荐即将毕业的商务汉语方向学生参加实习。在选择企业时,应考虑学生具备的条件与特长跟企业的业务性质是否相符,同时制定相关的实习管理制度,根据学生的具体情况进行实习分析,可以通过分享实习日志、交流实践经验等方式丰富教学实习活动。

(选自中山大学国际汉语学院汉语言专业毕业论文,作者:纳赛尔)

五 练习

(一)以下表格是对有关数据进行统计后得出的,请用文字将表格显示的内容表达出来。

表一 留学生书写汉字的错误类型和数量

错字类型		数量(个)
成字	同音替代	14
	形似替代	11
	同音形似替代	7
不成字	多笔画	10
	少笔画	5
	其他	3

表二 广州和首尔楼盘名称的形式特点

	专名+通名	专名	专名+通名+专名
广州(个)	49	49	2
首尔(个)	21	79	0

表三　广州和首尔楼盘专名的命名因素

命名因素	广州（个）	首尔（个）
开发商名称	31	34
时代气息	20	4
环境景致	17	13
地域方位	16	40
传统文化	14	0
尊贵地位	7	7
外来词语	3	89

（二）请认真阅读本课文中的一篇范文，完成一篇读书报告。

（三）预习：阅读一篇本科生毕业论文，注意其在格式上的要求。

第十四课　毕业论文的格式

一　学习目标

（一）掌握毕业论文的形式结构。
（二）了解和熟悉毕业论文的撰写格式要求。

二　阅读与讨论

阅读下列文字，讨论论文的这些组成部分在格式上有何要求。

[**关键词**] 对外汉语；中级口语教材；练习；题型

参考文献：

[1] 房玉清 . 实用汉语语法 [M]. 北京：北京语言学院出版社，1992.

[2] 李铁银 ."不"、"没（有）的用法及其所受的时间制约 [J]. 汉语学习，2003，（4）.

[3] 李英 ."不 / 没 +V"习得情况的考察与分析 [J]. 汉语学习，2004，（5）.

[4] 马真 . 现代汉语虚词研究方法论 [M]. 北京：商务印书馆，2004.

[5] 聂仁发 . 否定词"不"与"没有"的语义特征及其时间意义 [J]. 汉语学习，2001，（1）.

三　写作知识

本科毕业论文是学术论文的基本形式，在内容上不一定要有很高的学术价值，但是在论文的结构与格式上却有着极为严格的要求。论文的格式是否规范，结构是否完整是毕业论文等级评定的重要方面。这就要求毕业论文的撰写要严格按照写作程序来进行。

（一）本科生毕业论文的形式结构

中国高校本科生毕业论文一般采用以下形式结构。各高校学生可具体参照本校的格式要求进行适当的调整。

毕业论文形式结构：前置部分、主体部分、附录部分。

（二）撰写毕业论文的主要格式要求

毕业论文不仅要结构清晰、体式完整、层次分明，在撰写中还要注意从论文的题目、中英文摘要、关键词到论文的正文、正文里各部分的标题以及注释、参考文献等都要严格遵守毕业论文的撰写格式要求，包括字体、字号以及其他书写方面的要求。以下是论文部分写作内容在格式上应注意的方面。

1 关键词

摘要正文下方另起一行顶格打印"关键词"一项，每个关键词之间用"；"分开，最后一个关键词不注标点符号。

2 目录

目录是论文的大纲，必须独立起页。目录由论文正文各章节、附录、附件等序号、名称和页码组成，包括论文正文各部分标题、参考文献、附录、致谢等内容。通常本科生毕业论文目录按三级标题编写，即按照"一……"、"（一）……"或"1……"、"1.1……"、"1.1.1……"格式编写。

3 各级标题

正文各部分的标题应简明扼要，不使用标点符号。文内一级标题用"一、二……（或1、2……）"，次级标题为"（一）、（二）……（或1.1、1.2……）"，三级标题用"1、2……（或1.1.1、1.1.2……）"，四级标题用"(1)、(2)……（或

1.1.1.1、1.1.1.2……)"。通常不再使用五级以下标题。

4 数字

（1）无特别约定情况下，一般采用阿拉伯数字表示。

（2）年份一律使用4位数字表示，如：1987年。

5 表格

每个表格都应有自己的标题和序号，列在表格正上方。全文的表格可以统一编序，也可以逐章单独编序，如：表 1 或表 2.1。

表格允许下页接写，接写时标题省略，表头应重复书写，并在右上方写"续表××"。

6 图

每幅插图应有标题和序号，列在图的正下方。全文的插图可以统一编序，也可以逐章单独编序，如：图 4 或图 3.2。

7 注释

注释一般采用篇末注，应根据注释的先后顺序编排序号。注释序号以"①、②"等数字形式标示在被注释词条的右上角。篇末注释条目的序号应按照"①、②"等数字形式与被注释词条保持一致。

也可使用脚注。脚注出现在需要注释的文字本页的正下方，用一条横线隔开。

8 参考文献

参考文献的序号左顶格，并用数字加方括号表示，如"[1]"。每一条参考文献著录均以"."结束。具体各类参考文献的编排格式如下：

（1）图书的编辑格式：

[序号] 作者. 书名 [M]. 出版地：出版单位, 出版年份：起止页码.

如：[1] 朱丽云. 实用对外汉语重点难点词语教学词典 [M]. 北京：北京大学出版社，2009：56-57.

（2）期刊的编辑格式：

[序号] 作者. 文章题目 [J]. 期刊名, 出版年份, 卷号（期数）：起止页码.

如：[2] 周小兵、赵新. 中级汉语精读教材的现状分析及新型教材的编写 [J]. 汉语学习，1999，(01)：17-24.

(3) 会议论文集的编辑格式：

[序号]作者.文章题目[A].主编.论文集名[C].出版地：出版单位，出版年份：起止页码.

如：[3]吴勇毅.教学词与词典词[A].赵金铭.对外汉语教学探索[C].上海：学林出版社，2004：16-27.

(4) 学位论文的编辑格式：

[序号]作者.论文题目[D].保存地：保存单位，年份.

如：[4]张芳芳.对中级口语教材练习设计的考察[D].广州：中山大学国际汉语学院，2008.

(5) 报纸文章的编辑格式：

[序号]作者.文章题目[N].报纸名，出版日期（版次）.

如：[5]王勇.汉语的美[N].南方日报，2008-01-06（02）.

(6) 电子文献的编辑格式为：

[序号]作者.文献题目[电子文献及载体类型标识].电子文献的可获取地址，发表或更新日期/引用日期（可以只选择一项）.

如：[6]李玄玉.汉韩熟语中的人体词语之比喻[J/OL]. http://www.pghome.net/lwdq/lwdq_69.html，2008-11-06.

电子参考文献建议标识：

[DB/OL] ——联机网上数据库 (database online)

[DB/MT] ——磁带数据库 (database on magnetic tape)

[M/CD] ——光盘图书 (monograph on CD-ROM)

[CP/DK] ——磁盘软件 (computer program on disk)

[J/OL] ——网上期刊 (journal online)

[EB/OL] ——网上电子公告 (electronic bulletin board online)

9 附录

论文附录依次用大写字母"附录A、附录B、附录C……"表示，附录内的分级序号可采用"附A1、附A1.1、附A1.1.1"等表示。

四 范例

本科生毕业论文格式示意：

[三号，宋体，加粗，居中] → **对外汉语中级口语教材练习设计与编排的考察**

[空一行]

[5号，黑体，居中] → [摘要]

[5号，楷体] → 本文选取了目前使用比较多、影响比较大的四套中级口语教材，采用量化分析的方法，从题量和题型两个方面考察分析了这四套教材的课后练习题的设计与编排。同时，本文运用问卷调查的方法，收集了大量数据，并根据数据考察分析了学生对现在教材中常用练习题题型的感兴趣程度和学生认为这些常用题型的有用性程度。在此基础上，本文分析了目前对外汉语中级口语教材的特点和一些不足。针对这些不足，作者提出了自己的一些看法和建议。希望通过这一尝试，能够引起更多的专家学者对中级汉语口语教材中练习题设计和编排的关注和研究。也希望本文能对中级汉语口语教材的编写和中级汉语口语课堂教学有所帮助。

[5号，黑体，顶格] → [**关键词**] 对外汉语；中级口语教材；练习；题型

[空一行]

[小四号，Time New Roman，加粗，居中] → [**Abstract**]

[小四号，Time New Roman] → Spoken Chinese textbooks in teaching Chinese as a second language (TCSL) are of great importance in the practice of teaching. The thesis takes four most popular and influential intermediate TCSL spoken Chinese textbooks as examples and analyses the design and layout of the exercises …

[小四号，Time New Roman，加粗，顶格] → [**Keywords**] Teaching Chinese as a Second Language; Intermediate Spoken Chinese Textbook; Exercise; Subject type

目 录

1. 引 言 ……………………………………………………1
2. 对四套中级口语教材练习题的考察 ……………2
   2.1 对练习题型的考察 …………………………… 2
   2.1.1 对四套教材中出现的所有题型的统计 …………… 3
   2.1.2 四套教材中常用题型分析 ………………………… 5
   2.2 对题量的考察 ………………………………… 7
3. 对口语教材练习设计的调查与分析 ……………8
   3.1 关于问卷的说明 ……………………………… 8
   3.1.1 调查对象和实施 …………………………………… 8
   3.1.2 调查内容及目的 …………………………………… 9
   3.2 针对练习题型趣味性的调查结果分析 ………… 10
   3.3 针对练习题型实用性的调查结果分析 ………… 12
4. 对教材练习编写的启示与建议 …………………13
   4.1 目前教材练习存在的问题 …………………… 13
   4.2 对教材编写的启示与建议 …………………… 15
5. 结论 ……………………………………………17
参考文献 …………………………………………18
附录（问卷）……………………………………19

三号，宋体，加粗，居中

四号，黑体，顶格

小四号，宋体

1. 引言

　　教材在第二语言教学和外语教学中起着至关重要的作用。从理论上讲，每一部教材都是对某一种教学法和教学理论的直接体现。"教材既是教学理论和教学法的体现者，是联结总体设计和课堂教学的纽带，又是具体实施课堂教学的直接依据"（刘珣，1994）。任何一部教材都应以某一理论为基础，"教材应多少体现当代语言理论、语言教学理论和语言学习理论的最新研究成果"（赵金铭，1998）。……

2. 对四套中级口语教材练习题的考察

2.1 对练习题型的考察

2.1.1 对四套教材中出现的所有题型的统计

　　在任何一部教材的编写过程中，不可避免地要考虑到题型的设计。这是因为针对不同的练习内容和不同的练习目的，需要有不同的题型来与之相配合。鉴于题型的重要性，本文将四套教材中出现的题型做了穷尽式统计，目的是要考察目前的对外汉语中级口语教材中都有哪些题型，哪些是使用频率比较高的题型，这些题型有些什么特点。

　　通过统计，我们发现在这四套教材中，陈光磊主编的《汉语口语教程·中级A种本》上、下册的题型最为固定，其次为连吉娥主编的《新生活汉语·中级口语》上、下册。而《中级汉语口语》和《阶梯汉语》的题型则变化多端。四套教材题型统计的具体情况请见表2.1至表2.4。

表 2.1 《新生活汉语》题型统计表

新生活汉语			
	题型	次数	频率 (%)
语音练习	朗读	60	100
语言点练习	替换	60	100
对话或问答练习	完成对话	60	100
	用指定的词语完成对话	60	100
	情景对话	30	50
	合计	150	250
自由表达	看图说话	31	52
	个人表达	30	50
	合计	61	102
其他	笑话	11	18
	歌曲	7	12
	绕口令	6	10
	猜迷语	5	8
	合计	29	48

……

或者：

> 四号，黑体，居中

一　引言

> 空一行

　　教材在第二语言教学和外语教学中起着至关重要的作用。从理论上讲，每一部教材都是对某一种教学法和教学理论的直接体现。"教材既是教学理论和教学法的体现者，是联结总体设计和课堂教学的纽带，又是具体实施课堂教学的直接依据"（刘珣，1994）。任何一部教材都应以某一理论为基础，"教材应多少体现当代语言理论、语言教学理论和语言学习理论的最新研究成果"（赵金铭，1998）。……

二 对四套中级口语教材练习题的考察

（一）对练习题型的考察

1. 对四套教材中出现的所有题型的统计

在任何一部教材的编写过程中，不可避免地要考虑到题型的设计。这是因为针对不同的练习内容和不同的练习目的，需要有不同的题型来与之相配合。鉴于题型的重要性，本文将四套教材中出现的题型做了穷尽式统计，目的是要考察目前的对外汉语中级口语教材中都有哪些题型，哪些是使用频率比较高的题型，这些题型有些什么特点。

通过统计，我们发现在这四套教材中，陈光磊主编的《汉语口语教程·中级 A 种本》上、下册的题型最为固定，其次为连吉娥主编的《新生活汉语·中级口语》上、下册。而《中级汉语口语》和《阶梯汉语》的题型则变化多端。四套教材题型统计的具体情况请见表 2.1 至表 2.4。

……

注释：

① 我们针对中级精读课及精读教材的有关问题设计了调查问卷，对中山大学国际交流学院对外汉语系五个中级班的学生进行了调查，共收回有效试卷 118 份，本文中的数据均为此次调查所得。

……

参考文献：

[1] 李玄玉．汉韩熟语中的人体词语之比喻 [J/OL]. http://www.pghome.net/lwdq/lwdq_69.html，2008-11-06．

[2] 王勇．汉语的美 [N]．南方日报，2008-01-06（02）．

[3] 吴勇毅. 教学词与词典词 [A]. 赵金铭. 对外汉语教学探索 [C]. 上海：学林出版社，2004：16-27.
[4] 徐子亮. 汉语作为外语教学的认知理论研究 [M]. 北京：华语教学出版社，2000：26-34.
[5] 张芳芳. 对中级口语教材练习设计的考察 [D]. 广州：中山大学国际汉语学院，2008.
[6] 周小兵、赵新. 中级汉语精读教材的现状分析及新型教材的编写 [J]. 汉语学习，1999，（01）：17-24.
[7] Richards, J., Rodgers, T. Approaches and Methods in language Teaching（语言教学的方法和理论）[M]. Oxford：Oxford University Press，1986.

> 小 5 号，宋体

其他内容格式：

致谢、附录标题 → 四号黑体

致谢、附录内容 → 小四号宋体

论文页码 → 页脚居中、阿拉伯数字（五号，新罗马体）连续编码

行距 → 以版面清晰，容易辨识和阅读为原则，全文要统一，一般可设定为 1.5 倍行距

五 练习

（一）下面是一篇论文的参考文献，请判断其格式存在哪些问题，并对错误的地方进行修改。

参考文献：

Rod Ellis. Understanding Second Language Acquisition[M]. Oxford：Oxford University Press, 1994.

陆俭明《现代汉语语法研究教程》，北京大学出版社。

黄月圆 陈洁光 卫志强 汉语品名的语言特性，语言文字应用 2003 年 03 期.

殷志平 多维视角的品牌命名研究——研究综述及其展望 [J]，南京社会科学 2006 年 (12).

吴冰冰 中国驰名商标的命名研究 [D]，上海师范大学 2007 年 1 期.

中国名企排行网 http://www.paihang360.com/

（二）请根据论文的结构提纲列出这篇论文的目录。

粤菜菜名分析

引言

本论

一 广东菜名的分类

   1.1 写实类菜名

   1.2 写意类菜名

二 菜名与广东地方文化

   2.1 内容方面的分析

   2.1.1 从菜名看广东菜的烹调方法

   2.1.2 从菜名看广东菜的用料

   2.1.2.1 海鲜

   2.1.2.2 中药

   2.1.2.3 用料广博、奇异

   2.2 形式方面的分析

   2.2.1 用比喻方法来命名

   2.2.2 以原料名称的谐音来命名

   2.2.3 善用动词，富有动感

   2.2.4 善用修饰语

   2.3 从菜名看广东人的趋吉心理

结论

（三）挑选本教材中的一篇论文，根据本校本科生毕业论文的撰写格式要求，对这篇论文的格式进行修改和调整。

（四）预习：查找有关论文开题报告的资料，了解开题报告由哪些部分组成，各部分的主要内容是什么。

第十五课　毕业论文的开题报告

一　学习目标

（一）了解写作开题报告对毕业论文写作的重要性。
（二）掌握开题报告的写作内容和写作方法。

二　阅读与讨论

阅读下面这份本科生毕业论文开题报告的表格，讨论开题报告主要由哪些部分组成？你觉得哪部分最重要？

汉语言专业本科生毕业论文开题报告

姓名： （中文） （英文）	专业方向：
学号：	国别：
联系电话：	邮箱地址：
指导教师： 联系电话：	
论文题目：	
选题依据（选题的目的、思路、方法、相关支持条件及进度安排）	
论文撰写提纲（写作设想、主要内容）	

参考文献（要求：写出作者、发表或出版时间、书刊名或论文题目、出版社等。其他资料请注明来源）
指导老师意见： 1. 同意开题（   ）   2. 修改后开题（   ）   3. 重新开题（   ） 指导教师签名：   年   月   日
开题小组意见： 1. 同意开题（   ）   2. 修改后开题（   ）   3. 重新开题（   ） 开题小组签名：   年   月   日

三 写作知识

（一）写作开题报告的意义和目的

　　毕业论文的开题报告是毕业论文写作的重要环节，是论文作者确定研究题目后，向指导老师以及有关部门提交的，对毕业论文所选课题所的专题书面报告。开题报告一般为表格式，它把要报告的每一项内容转换成相应的栏目。这样做，既便于开题报告按栏目填写，避免遗漏，又便于评审者一目了然，把握要点。

　　毕业论文的开题报告是学生实施毕业论文课题研究的计划和依据，是监督和保证论文质量的重要措施，是毕业论文指导小组对学生写作毕业论文资格审查的重要依据，也是毕业论文答辩委员会对学生答辩资格审查的依据材料之一。

　　开题报告需要回答三个方面的问题，即计划研究什么，为什么要进行这一研究，如何进行这一研究。开题报告只有很好地回答了这三方面的问题，开题者（学生）才有可能让指导教师（指导小组）相信，所选择的论文题目是有意义的，研究思路和方法是正确的，研究计划是可行的。具体来说，写作开题报告的目的主要有以下几点：

1. 以可靠的证据和理由使指导老师（或指导小组）相信，所选课题具有一定的理论意义、实际意义或应用价值，值得你去研究。
2. 通过对相关理论和已有研究成果的回顾和评价，表明你对所要研究的题目已有比较清晰的了解，有能力完成你的研究工作。
3. 通过对研究方法、研究思路以及研究条件的介绍和说明，使指导老师（或指导小组）相信你已经具备了完成课题研究的水平和能力，研究工作能顺利进行。
4. 通过对整个研究过程的展示和写作设想、内容的详细说明，使指导老师（或指导小组）相信你能有计划地安排你的写作进程，研究是可行的。同时也便于指导教师对你所制订的计划进行修正，并对你的研究工作进行督促和指导。

（二）开题报告的基本内容

开题报告是用文字体现的论文总构想，因而篇幅不必过大，但要把计划研究的课题、如何研究等主要问题说清楚。开题报告的主体主要包含三个部分：

1 总述选题依据

开题报告的总述部分应首先提出选题，并简明扼要地说明选题的目的、研究思路、研究方法、相关支持条件及进度安排等。

开题报告所写的论文题目最终将是毕业论文的题目，确定后一般不再更改。

选题目的这一部分需要清楚地定义和说明自己所要研究的问题，说明为什么要研究它、研究它有什么价值。一般可以从现实需要方面去论述，指出现实当中存在这个问题，需要去研究，去解决。同时要介绍已有的研究成果，目前相关课题的研究现状，并由存在的问题导出研究的目的和实际意义。

研究思路和研究方法是为了说明如何解决所提出的研究课题，具体的研究步骤是怎样的，从而使人相信拟进行的研究是可行的。由于选题的不同，研究问题的目的和要求不同，研究方法也往往各异。汉语言专业的学生写作毕业论文时常用的研究方法有问卷调查、测试、访谈、统计分析、对比分析、实证分析等。

相关支持条件这一部分要说明开题者已具备完成课题研究所需要的专业知识水平和能力，以及保证课题研究顺利进行的客观因素。

进度安排是指整个研究在时间及顺序上的安排。在开题报告中要说明研究内容与时间的分段，如材料搜集、调查、初稿写作、论文修改各花多长时间。要明确地规定每一阶段的起止时间、相应的研究内容及成果，各阶段之间不能间断以保证研究进程的连续性。开题者在进行进度安排时，应参照本学院或本系的本科生论文写作工作安排，并充分考虑论文写作中各部分的难易程度，以保证论文的写作质量。

2 撰写论文提纲

开题报告的论文提纲是该选题研究构想的基本结构框架，但不能太简单，最好采用详细提纲的形式，以让人明白论文各部分的研究设想和研究内容。具体的写法已在第五课作了详细介绍。

开题报告中的论文提纲是论文写作的设想和今后进行写作的依据，随着研究过程的深入，写作者在实际的写作中还有可能对结构提纲进行调整。完成论文初稿后，写作者还要调整和校正论文的结构，以保证论文层次清晰，逻辑严密，结构完整匀称。因此最后完成的论文在结构安排上可能会与开题报告中的提纲稍有不同。

3 参考文献

开题报告还应包括相关参考文献的目录，以证明选题是有理论依据和资料保证的，也便于指导老师了解开题者是否选用了与研究问题相关的重要文献，并给予指导。所列的参考文献不一定要很多，但要有一定的分量，具有代表性。

 四 范例

本科生毕业论文开题报告

姓名：	（中文）＊＊＊＊ （英文）	专业方向：商务汉语
学号：＊＊＊＊＊＊＊		国别：韩国
联系电话：＊＊＊＊＊＊＊＊		邮箱地址：＊＊＊＊＊＊＊＊＊
指导教师：＊＊＊ 联系电话：＊＊＊＊＊＊＊＊		
论文题目：韩国"好丽友"公司在华品牌策略探析		
选题依据（选题的目的、思路、方法、相关支持条件及进度安排）		

选题目的：

众所周知，一家企业进入国外市场不但要面临企业本身的经营压力，更要与许多本土其他生产同类产品的公司竞争。因此许多著名的跨国企业在海外进行生产和经营活动时，都努力适应东道国的经济、文化和政治环境，实现本土化经营。

中国改革开放以来，中韩两国政治经济合作日益密切，许多韩国企业接二连三地进入中国市场。这些企业当中，韩国东洋制果公司——好丽友食品有限公司以"情"文化为品牌核心，在中国市场取得了不俗的成绩——自1997年3月正式在中国市场投产后，15年来，在中国"派"类食品中，排名一直位居第一。因此，笔者从产品的客户群体定位、广告宣传策略两大方面对好丽友公司的"情"文化进行考察与分析，并进一步探讨好丽友公司如何根据中国人的传统文化心理对"情"文化进行演绎和传播。希望本文的研究能为其他准备进入中国市场或将要进入中国市场的企业提供可借鉴的地方，也为中国本土企业的发展提供启示。

思路：

1. 首先收集所有与本论文有关的资料，包括公司名称的含义，在中国和韩国的主要产品名称和包装，相关的电视、报纸广告等。

2. 对已收集好的资料进行整理与分析。

3. 通过对比，发现好丽友公司在中国的消费群体定位及广告宣传方面的特点。

4. 分析好丽友公司演绎和传播"情"文化的特点。

5. 总结本研究。

方法：

1. 对比研究。通过对比好丽友公司的品牌名称、消费对象、产品种类、包装设计等在中韩两国的异同点，探讨好丽友公司以"情"文化为核心的客户群体定位。

2. 归纳法。对所掌握的材料进行整理和分析，探讨好丽友公司如何根据中国人的传统文化心理对"情"进行演绎和传播。

相关支持条件：

在老师的指导下，本人已经选定题目，并从网络和图书馆找到论文所需要的相关材料。

韩国好丽友公司是在韩国最大的派类食品生产企业。我作为一名韩国人，对好丽友公司的发展情况方面了解比较多，而且对韩国文化也比较熟悉，同时本人在中国留学四年，对中国文化及中国市场也有一定程度的了解，相信一定会顺利完成毕业论文。

进度安排：

第一周：交开题报告给指导老师审阅并修改。

第二周：上交开题报告，继续搜集相关资料。

第三周~第四周：整理所搜集到的资料，完成引言及本论的第一部分。

第五周~第六周：利用有关资料，完成本论的第二部分。

第七周：完成本论的第三部分。

第八周：完成论文并在老师指导下作初步修改。

第九周：上交论文初稿，自己认真阅读论文，补充相关材料。

第十周~第十二周：根据评阅老师的意见修改论文，并按时上交论文定稿。

论文撰写提纲（写作设想、主要内容）

1. 引言
    介绍论文的选题意义和选题目的，并简要介绍研究方法。

2. 以"情"为核心的品牌命名与消费群体定位
   2.1 品牌命名和产品名称
   2.2 产品的种类与口味
       对比中韩两国产品的种类与口味，从中发现好丽友公司在中国以"情"为突破口，根据消费对象的特点来生产和销售产品。
   2.3 产品的包装设计
       主要从色彩、包装上的图案和文字等方面进行考察与分析，探讨好丽友公司的产品包装也蕴含着"情"文化。

3. 以"情"为核心的广告宣传策略
   3.1 广告诉求点的考察与分析
       搜集好丽友公司近年来在华电视广告和报纸广告，以具体的案例来考察分析其广告诉求点。
   3.2 好丽友的"情"文化所折射出的中国"情"文化

4. 好丽友公司的成功经验对其他企业的启示
       介绍好丽友公司进入中国以后的市场发展情况及其在行业内的地位
       分析好丽友选择"情"文化为其品牌宣传的核心策略的意义
       对其他企业的启示

参考文献（要求：写出作者、发表或出版时间、书刊名或论文题目、出版社等。非汉语资料请将内容翻译成汉语，其他资料请注明来源。）

[1] 洪明. 论品牌策划与品牌名称翻译中的文化策略 [J]. 湖南社会科学，2006，(03).

[2] 三友、李静. 广告翻译中的文化形象转换 [J]. 中国科技翻译，2003，(08).

[3] 纪可. 商标翻译策略和消费者偏好调查研究 [J]. 广西民族大学学报（哲学社会科学版），2011，(05).

[4] 唐德根. 文化差异在品牌翻译中的运用 [J]. 上海科技翻译，1997，(01).

[5] 王同兴、王惠. 中美包装文化观念与定位比较研究 [J]. 艺术理论，2010，(11).

[6] 迟天尧. 论包装设计的文化性 [J]. 包装工程，2004，(05).

[7] 陈志权. 现代包装设计与消费心理关系 [J]. 包装工程，2006，(02).

[8] 张雨. 王舒雅. 广告用语的语用特点 [J]. 安徽文学，2009，(06).

[9] 张晓颖、陶隐宁. 语用原则下的食品广告语分析 [J]. 咸宁学院学报，2010，(08).

[10] 好丽友公司网站. http://www.orionworld.com/，2011-03-16.

指导老师意见：

1. 同意开题（   ）   2. 修改后开题（   ）   3. 重新开题（   ）

指导教师签名：

年　月　日

开题小组意见：

1. 同意开题（   ）   2. 修改后开题（   ）   3. 重新开题（   ）

开题小组签名：

年　月　日

五　练习

（一）在课堂上介绍自己的论文选题意向，谈谈你的选题目的和研究思路。

（二）请根据自己的毕业论文选题填写开题报告。

（三）预习：论文答辩指的是什么？为顺利通过论文答辩，答辩者要做哪些准备工作？

第十六课　毕业论文答辩

 一　学习目标

（一）了解毕业论文答辩的目的和意义。
（二）握论文答辩的基本程序及注意事项。
（三）掌握答辩陈述词的写作内容和写作方法。

 二　阅读与讨论

阅读下面这份本科生毕业论文的答辩陈词，讨论答辩陈词主要由哪些部分组成？

> 尊敬的答辩老师、各位同学：
>
> 　　你们好！
>
> 　　首先非常感谢各位老师在百忙之中参加我的论文答辩。今天，我答辩的论文题目是《任务型教学法在商务汉语教学中的应用研究》。
>
> 　　首先，我要说明的是选题依据：
>
> 　　由于中国的经济影响力日益增强，来华留学生人数也不断增加，商务汉语的重要性日益突出。商务汉语教学法的研究也受到越来越多人的重视，因此越来越多的研究者和教学者在探讨商务汉语的教学模式。其中，任务型教学法受到较多教学者的支持。作为一名汉语言专业商务汉语方向的学生，本人一向对商务汉语的教学方法及其理论很感兴趣，尤其对任务型教学法这一理论有浓厚的兴趣。因此，在学习的过程中，本人积累了相关文献资料。但是，这一教学法在商务汉语教学中的运用情况如何？怎样开展和完善目前商务汉语教学中的任务型教学法呢？为了探讨这些问题，本人以中山大学国际汉语学院汉语系商

务汉语方向的教学为例，对我院商务汉语方向学生的学习需求及教学现状进行了调查和探讨。调查发现：商务汉语方向的任课教师基本都在运用任务型教学法，但是所运用的任务型教学法还存在一定的不足之处，因此本人认为，为了提高商务汉语教学的质量和效率，教学模式改革势在必行。

接下来我介绍本论文的基本结构及内容：

引言部分说明选题依据、研究方法等。

本论第一部分的主要内容是调查问卷的设计及调查结果与分析。其内容分为学生学习需求调查、商务汉语教学中运用任务型教学法的调查、运用任务型教学法的难点等三部分。学生需求调查对象是中山大学国际汉语学院汉语系商务汉语方向本科三、四年级的同学。有关任务型教学法的调查采用的是问卷调查的方式，主要以商务汉语方向任课教师为调查对象。最后是对商务汉语任课教师运用任务型教学法的专访结果及其分析。

本论第二部分是任务型教学法的教学内容。结合第一部分的问卷调查结果，本人对商务汉语教材和商务汉语课程设置进行了考察，认为目前商务汉语教材的信息来源不丰富，因此提出了教材需要扩大信息来源的建议。同时，目前的商务汉语课程过于单一，并且缺少实践课程，因此笔者提出了多开设实际操作课程的建议。

本论第三部分是任务型教学法的实施。笔者在这里提出了有关任务型教学法的具体操作建议。其具体内容分为任务前的课堂教学、课堂任务和课外任务、学生参与机会的调控四个部分。主要阐释了任务型教学法在课堂教学中的意义和作用，主张教师应运用任务型教学法来有效地进行课堂教学。同时，运用自然教学法的感情过滤理论，本人提出了教师应当重视运用课外任务法的建议。为了确保教师在学生学习过程中的主动权和保持学生对任务学习的重视，本人提出了教师适当限制学生参与机会的建议。

本论第四部分是其他相关建议。在这一部分提出了与任务型教学法运用有关的建议，包括如何调动学生的积极性、任务型教学法与评分标准以及任务型教学法与教学管理等。

最后是论文的结论：通过这次调查研究，本人发现，目前商务汉语教学已经一定程度上吸收了任务型教学法理论研究的成果，并且通过运用任务型教学法提高了教学质量和效率。可惜的是，目前商务汉语教学中的任务型教学法还存在一些不足。为解决这一问题，学院需要一个综合性的教学改革模式。本人深信任务型教学法能够让商务汉语教学更上一层楼，给我们商务汉语教学带来全新的境界。

　　以上是我的论文陈述。由于本人的能力有限，文章也有一定的瑕疵。请各位老师批评指正。谢谢！

三　写作知识

（一）什么是毕业论文答辩

　　毕业论文撰写工作的完成并不是整个毕业论文的结束，还须顺利通过论文答辩才行。毕业论文答辩是在论文定稿后，将论文呈送指导老师或指导小组审查并获通过的情况下进行的。参加答辩的一方是撰写论文的作者；另一方是由教师或有关专家组成的答辩委员会或答辩小组，人数有3个或3个以上。论文答辩一般是以问答的形式进行，由答辩委员会成员就论文提出有关问题，论文作者当面作出回答。在一问一答的过程中，有时也会出现作者与答辩委员会成员的观点不同的情况，这时就会有"辩"。

　　毕业论文答辩是高等院校进一步审查毕业论文质量的一项重要工作，是评定毕业论文成绩的重要依据。此外，通过答辩，还能检验出论文是否是学生自己独立完成，是否有请人代写、抄袭剽窃的行为。总之，毕业论文答辩成功与否，直接关系到学生是否能够顺利毕业的问题，因此必须高度重视论文答辩，对论文答辩的意义、要求和程序等有一个全面的认识。

（二）毕业论文答辩的意义

　　通过答辩是学生参加毕业论文答辩希望得到的结果。但如果学生对答辩的认识只是局限这一点，其态度就会是消极、应付性的。只有充分认识毕业论文答辩具有多方面的意义，学生才会以积极的态度，认真对待毕业论文答辩的准备工作，以最佳的状态参与答辩，充分发挥自己的才能和水平。

第一，毕业论文答辩是一个增长知识，交流信息的过程。

为了顺利通过答辩，学生在答辩前就要积极准备，对自己所写文章的所有部分，尤其是本论部分和结论部分作进一步的推敲，仔细审查文章对基本观点的论证是否充分，有无疑点、错误、片面或模糊不清的地方。如果发现一些问题，就要继续收集与此有关的各种资料，作好弥补和解说的准备。这种准备的过程本身就是积累知识、增长知识的过程。同时，在答辩中，答辩委员会成员也会就论文中的某些问题阐述自己的观点或者提供有价值的信息。这样，学生又可以从答辩教师处获得新的知识。

第二，毕业论文答辩是学生向参加答辩的老师和有关专家学习、请求指导的好机会。

毕业论文答辩小组（委员会）一般是由具有较高专业水平的教师和专家组成的，他们在答辩会上提出的问题除了考查答辩者的知识水平和能力高低以及检验论文是否为答辩者自己完成的以外，一般都会涉及到论文的不足和薄弱环节，也就是论文中没有阐述周全、论述清楚、分析详尽的问题，同时又是本学科范围内的基本概念或比较重要的问题，是论文作者应具备的基础知识。通过提问和指点，学生就可以了解自己撰写的毕业论文中存在的问题。对于自己还没有搞清楚的问题，还可以直接请求指点。总之，答辩会上提出的问题，不论作者是否能当场作出正确、系统的回答，都是对作者一次很好的帮助和指导。

第三，毕业论文答辩是学生全面展示和提高自己的才能、知识水平和心理素质的好机会，也是学生学习、锻炼口语的好机会。

毕业论文答辩首先要简明扼要地介绍论文的主要内容，然后对答辩小组成员的提问作出全面正确的回答。当自己的观点与答辩老师观点不同时，又要进行适当的"辩"，在"辩"的过程中，既要注意尊重答辩老师，又要想办法让答辩老师接受自己的观点。可以说，答辩者的反应能力、分析能力、口头表达能力、综合概括能力以及专业知识水平等在直观互动的答辩环境下都能得到充分的展示和提高。对于学习汉语的留学生来说，答辩也是锻炼和展示其汉语口语水平的最好机会。

此外，毕业论文答辩会是学生从未经历过的场面，有些学生因此而胆怯，缺乏自信心。而毕业论文答辩情况的好坏，影响的不仅仅是毕业论文成绩的优劣，而且还决定能否授予学位，甚至有可能影响今后的人生。所以，学生在论文答辩前要从心理上做好充分准备，防止和克服紧张恐惧心理，在答辩中充满自信，尽情展示自己。

（三）毕业论文答辩的基本程序

毕业论文答辩是以公开的方式进行的，指导教师不得参加自己指导学生的答辩工作。答辩由答辩小组（委员会）中的答辩主席主持。其程序如下：

1. 答辩主席宣读答辩相关事宜（提出答辩要求，宣布答辩纪律，介绍答辩委员会成员姓名，确定学生答辩顺序），并宣布论文答辩正式开始。
2. 答辩人作答辩陈述，阐述自己的论文，时间一般不超过 10 分钟。
3. 正式答辩，答辩组教师提问，答辩人回答相关问题，时间一般为 10～15 分钟。
4. 答辩人退场，答辩小组评议论文答辩成绩，并评定论文总评成绩。
5. 答辩人入场，答辩主席向答辩人宣布答辩结果，并进行小结，答辩结束。

（四）论文答辩前的准备

在论文答辩前，学生首先要正确认识到答辩的重要意义，做好答辩前的心理准备，防止和克服经常在论文答辩中出现的不正确、不正常的思想或心态。一是对答辩产生恐惧心理，担心自己答辩时回答不出老师的问题，或者根本听不懂老师所提的问题，从而影响到水平的正常发挥。二是对答辩不在乎，认为答辩只不过是走形式，是小事一桩，从而以漫不经心的态度对待答辩。三是对答辩产生抵触情绪，认为答辩是"多此一举"、"临毕业还不放过我们"等等，从而以消极的态度应付答辩。

由于在答辩中，答辩者首先要对自己的论文进行口头陈述。因此论文作者在递交论文定稿之后，最重要的工作是在论文答辩前准备好书面的答辩陈述报告或答辩提纲。其主要内容包括：

1. 学生自我简介，一般包括所属院系、专业、姓名、论文题目等。如：我是汉语系汉语言专业商务汉语方向的李廷圭，我的毕业论文题目是《任务型教学法在商务汉语教学中的应用研究》。
2. 简要说明选题原因以及具体的研究对象和研究方法等。
3. 简要介绍论文的基本思路和基本的结构安排。
4. 重点介绍论文各部分的内容，突出介绍主要观点或创新点。

5. 简要说明在写作过程中还发现了哪些与研究密切相关的问题，还有哪些问题是自己没有搞清楚的或者论述不够、有待进一步加强的。

　　需要注意的是，在写作完答辩陈述报告后，学生还应对陈述报告进行"消化吸收"，能够做到在答辩中即使不看文本，也可将论文的大体框架和重点内容很自然地"讲述"出来。只有这样，才能避免照文本读或死记硬背带来的拘谨和僵硬感，给答辩老师留下一个好印象。

（五）论文答辩时的注意事项

1. 注意开场白、结束语的礼仪。答辩者在做答辩陈述前，可简短地说一句"非常感谢各位老师来参加我的论文答辩会"，也可以用"我的陈述完毕，请各位老师批评指正。谢谢"来结束答辩陈述。

2. 由于答辩时间有限，答辩陈述时，要突出重点，把论文最精彩、最精华的内容陈述出来，最好用PPT的形式辅助呈现。

3. 听取答辩小组老师提问时，精神要高度集中，要注意记录。如果听不清或听不懂答辩老师的提问，不要匆忙做答，可礼貌地请老师再说一遍，然后再回答。

4. 答辩时老师会对论文中某个论点或问题提出异议，此时，不要因为紧张马上否定自己，也不要过于固执，强词夺理。而是要态度平和，有理有据地阐述自己的观点。当答辩老师指出自己论文中的不足时，则应当坦率地承认，并表示感谢。

5. 答辩时遇到那些比较复杂的疑难问题，可请求老师给出短暂的思考时间，然后再回答。也可诚恳地说明，并明确表态，如："这个问题我还没来得及探讨，留待今后继续研究。会后老师如果有空，我也可以向您讨教。"又如："老师提出的这个问题对我很有启发，但是我一下子难于回答，希望以后能和老师一起探讨。"事实上，答辩时被某个问题难住是正常的，答辩者应坚持实事求是的原则，能回答多少就回答多少，态度要谦虚，一定不要狡辩。

6. 答辩陈述和回答问题时语速要适中，声音要适中，发音要准确，可辅助使用体态语。

7. 控制好答辩时间，本科生毕业论文陈述一般为7～10分钟，整个答辩时间大约20分钟。

四 范文

答辩陈述

尊敬的老师们、各位同学：

你们好！

非常感谢各位在百忙之中参加我的论文答辩。我的论文题目是"关于商务汉语口语教材的调研——以中大、暨大、华师、广外四所高校为例"。

首先我说明一下选题原因和研究对象。

我为什么选这四所高校？因为广东目前只有这四所高校有商务汉语方向的学位生。作为一名汉语言专业商务汉语方向的留学生，本人是一边学商务汉语一边在做布料贸易工作。在学习商务汉语期间，我一直对商务汉语口语课程非常感兴趣，认为口语交际在商务汉语的学习中非常重要，因此我选择商务汉语口语这门课程作为毕业论文的研究对象。

为收集相关研究材料，我先后对这四所高校汉语言专业商务汉语方向的学生进行了两次问卷调查。我的论文主要是通过问卷调查，对这四所高校使用的四种不同商务汉语口语教材进行分析，并根据分析结果提出商务汉语口语教材的改进方案。通过调查，我发现60%的学生对自己使用的商务汉语口语教材的满意度不高，认为商务汉语口语教材里的商务活动场景不够真实，实用性不强。

下面，我着重介绍论文的主要内容。我这篇论文的本论部分主要有三个部分：第一，商务汉语口语教学现状调查。第二，对商务汉语口语教材的调查及分析。第三，商务汉语口语教材的改进方案。

本论的第一部分是"商务汉语口语教学现状调查"。

这部分首先论述了商务汉语口语课的重要性，以及中大、暨大、广外、华师四所高校商务汉语口语的课程名称、学分、开课时间等基本情况。然后介绍问卷调查的实施情况，目的是为了了解这四所高校汉语言专业商务汉语方向的教学情况和学生的学习需求情况等。

本论的第二部分是"对商务汉语口语教材的调查及分析"。

这一部分主要是在对四所高校四种不同口语教材调查的基础上，分析有关商务汉语口语教材的基本情况，例如：商务汉语口语教材对商务活动文化背景的说明是否充分、实用性强不强，学生对商务汉语口语教材的满意度等等。调查显示，大多数学生认为目前使用的商务汉语口语教材对商务活动文化背景的说明情况不够理想，学生在不了解文化背景的情况下可能会犯跨文化交际的错误。这样，在跨文化的商务实践活动中也就难免会遇到障碍。

通过调查，我还发现不同学校的学生对教材的满意度有较大的偏差。之所以造成这样的偏差，与各校使用的教材不同有关系。我在论文中对各种教材的基本情况进行了说明。

本论第三部分是"商务汉语口语教材的改进方案"。

在调查分析的基础上，笔者就商务汉语口语教材的建设提出一些改进方案，主要有：

第一，商务汉语口语教材要兼顾语言的听说技能，开发多媒体视频资料。

第二，商务汉语口语教材要充分说明各种商务活动场景的情况，尽量做到真实、实用，突出商务专业术语及与商务活动有关的词汇，尤其是词语的释义和运用。

第三，商务汉语口语教材要设计好学习者自我评价的练习题及配备参考答案。

第四，商务汉语口语教材在内容方面应增加更多实用的商务活动的内容。

第五，商务汉语口语教材应加强商务礼仪方面的知识。

以上是我论文的主要内容和研究成果。随着中国经济的发展和汉语学习需求的不断升温，外国人士对有专门用途的商务汉语的需求也逐渐加大，对商务汉语的重视也越来越高。商务汉语口语在商务汉语教学中有着非常重要的地位。因时间和能力有限，本文仅对广东四所高校商务汉语方向的商务汉语口语课程进行了相关调查研究，调查规模不够大，还有很多不足之处。希望通过研究能够为改善商务汉语口语的课程建设做出一些努力，同时也希望能够为后来的研究者提供一定的参考。

由于本人的能力有限，文章还存在不足之处，尤其是对教材的研究还不够深入具体，就算是抛砖引玉吧。

我的论文陈述完毕，请各位老师批评指正！谢谢！

五 练习

（一）说说论文答辩陈述报告的主要内容是什么。

（二）讨论：论文答辩前应该做哪些准备工作？答辩时要注意什么？

（三）请根据教材中的一篇范文，写一篇论文答辩陈述报告。

附 汉语言专业毕业论文

范文一

韩国"好丽友"公司在华品牌策略探析

白哲敏（韩国）

[摘要] 韩国好丽友食品有限公司以"情"文化为品牌核心，自 1997 年 3 月正式在中国市场投产后，15 年来，在中国"派"类食品中，排名一直位居第一。好丽友的成功离不开其准确的消费群体定位与强势的品牌宣传。本文通过对比好丽友公司"派"类食品的种类、消费对象、包装设计等在中韩两国的异同点以及考察分析好丽友公司的广告宣传策略，得出以下结论：本土化的文化情感因素是影响一个品牌推广的核心因素。要成功占领国外市场，实现真正的本土化必须从"融入其民族情感"入手。

[关键词] 好丽友；本土化；品牌策略；民族情感

一 引言

众所周知，一家企业进入国外市场不但要面临企业本身的经营压力，更要与许多本土其他生产同类产品的公司相竞争。因此许多著名的跨国企业在海外进行生产和经营活动时，都努力适应东道国的经济、文化和政治环境，在生产、营销、管理、人事等方面实现本土化经营。随着中国国内市场竞争的日益激烈以及中国企业在海外的不断发展，考察研究成功企业的本土化策略对中外企业都具有极强的现实意义和指导价值。

中国改革开放以来，中韩两国政治经济合作日益密切，许多韩国企业接二连三地进入中国市场。这些企业当中，韩国东洋制果公司——好丽友食品有限公司以"情"文化为品牌核心，在中国市场取得了不俗的成绩——自 1997 年 3 月正式在中国市场投产后，15 年来，在中国"派"类食品中，排名一直位居第一。

好丽友的成功离不开其本土化的消费群体定位与强势的品牌宣传。笔者在市场调查与资料搜集的基础上，通过对比好丽友公司的品牌名称及"派"类食品的种类、消费对象、包装设计等在中韩两国的异同点，探讨好丽友公司以"情"文化为核心的客户群体定位。同时，通过考察分析好丽友公司的广告宣传策略，进一步探讨好丽友公司如何根据中国人的传统文化心理对"情"文化进行演绎和传播。希望本文的研究能为其他准备进入中国市场或将要进入中国市场的企业提供可借鉴的地方，也为中国本土企业的发展提供启示。

二 本土化的品牌命名与消费群体定位

（一）品牌命名

品牌是产品或服务的象征。品牌命名是创立品牌的第一步，一个成功的品牌名称，要能引起人们美好的联想，不仅要简单上口，具有较强的传播力，而且还要贴近目标消费者的偏好，具有较浓的亲和力。

好丽友公司（Orion Food Co, Ltd）原名为东洋制果公司，成立于1956年，现为韩国四大食品公司之一，生产多种休闲食品。为了进军国际市场，公司后改称为Orion（株）。Orion的本意是指天上的星座，全世界的人都可以看到，这也意味着Orion公司的产品能畅销全世界。为了实现这一目标，Orion公司的首要任务就是进入中国市场（1995年）。当时公司的老总认为，"如果能在中国市场获得成功的话，在全世界市场上的成功是自然会实现的"。

不过，要进入国外市场，尤其是中国市场，品牌的命名是首先要解决的问题。

"东洋"一词在中国有可能被认为是日本的品牌；而Orion适用于任何一个以英语为官方语言的国家，但不符合中国人的文化心理，因为中国的消费者更习惯以汉语命名的产品。为此，Orion公司采用接近公司名称的中文音译"好丽友"作为进入中国市场后的公司名称，其产品的品牌名称相应地变为"好丽友"。

"派"是英语pie的音译，它是一种西式的带馅儿点心，属于休闲食品。好丽友派进入中国后，食品"派"也富有了浓浓的人情味。"好丽友，好朋友"，好丽友公司以"团结、友爱、互助"为品牌核心，希望通过"好丽友"这个媒介，与消费者分享"情"文化。这一品牌名称朗朗上口，容易记忆和传播，而且能让人产生强烈的情感共鸣，具有很强的亲和力。

（二）产品的种类与口味

以"友情"为核心的情文化是好丽友公司进入中国市场后主打的品牌形象，因此，其在中国市场上的产品消费群以年轻消费者为主。为适应这一消费群体，好丽友公司在中国市场上的产品种类与口味也有别于其在韩国市场上的产品。

笔者考察了广州的家乐福、百佳、易初莲花、好又多、麦德隆等超市，统计了目前在中国广州市场上好丽友的种类和数量，发现好丽友公司在中国上市的派类产品总共有 10 种，同期在韩国市场销售的好丽友派类产品总共有 14 种，具体情况请见表 2.1：

表 2.1　中韩两国市场上好丽友"派"类食品种类

产品种类	中国	韩国
好丽友派	✓	✓
蛋黄派	✓	✓
蛋黄派（酸奶味）	✓	✓
鲜莓派	✓	✓
熊猫派派福（巧克力味注心）	✓	×
熊猫派派福（草莓牛奶味注心）	✓	×
Q蒂（摩卡巧克力）	✓	×
Q蒂（榛子巧克力）	✓	×
提拉米苏	✓	×
可可派	✓	×
닥터유（原味）	×	✓
닥터유（不甜的蛋糕）	×	✓
오뜨（原味）	×	✓
오뜨（芝士味）	×	✓
호떡쿠키（核桃蛋糕原味）	×	✓
호떡쿠키（核桃蛋糕不甜的）	×	✓
닥터유 에너지바	×	✓
마켓오 브라우니（原味）	×	✓
마켓오 브라우니（不甜的）	×	✓
참 붕어빵	×	✓

从上表可以看出，虽然两国市场销售的派类食品都很多，可完全相同的产品只有 4 种。经笔者分析，差别如此之大，主要有以下两个原因：

第一,未进入中国市场的产品有的不符合中国人的口味。比如,"DR.YOU(不甜的蛋糕)"在韩国销售极好。之所以没能进入中国市场是因为这款食品的味道是不甜的。好丽友进入中国市场的时间只有短短的十几年,目标也主要锁定在青少年,孩子都偏爱甜食,这种不甜的蛋糕要在青少年中普及很难,市场前景不够广阔。

而在韩国,好丽友的主要消费群体是成年人,这是有历史原因的。好丽友在韩国成立了五十多年,可以说老、中、青三代人都是吃着好丽友的产品长大的。对其感情最深厚的顾客也集中在中老年这两个年龄段。而最近韩国流行不吃太甜和太咸的食品,尤其是韩国的成年人。因此,"DR.YOU(不甜的蛋糕)"在韩国才能如此成功。

第二,只在韩国市场销售的产品有个共同点——价格都偏高。这主要跟两国的物价和收入有关。比如,"오뜨"这种产品,是1999年在韩国上市的,此产品一经推出,就受到了很多消费者的欢迎。而此时,好丽友公司在中国市场也取得了一定的业绩。因此,当时也有把此产品推广到中国市场的计划。可是,由于此产品的成本偏高,考虑当时中国人的工资和消费水平和韩国还有一定的差距,同价销售,对于青少年这类消费人群来说价格实在难以接受。如果降低成本降价销售,味道就会改变,销售情况未必就好。因此,即使经过了13年,这类产品还是没能进入中国市场。

(三)产品的包装设计

1. 色彩

"色彩最易引起消费者的注目,它的视觉冲击力是展示产品文化性的最佳手段"(迟天尧,2004)。无论是在韩国还是在中国,针对青少年这类消费群体,好丽友派类产品用的主打色都是红、黄、蓝、绿,例如:蛋黄派——黄、蓝,巧克力派——红,鲜莓派——绿。这是因为鲜艳的颜色更能吸引孩子的注意力,激发他们的购买欲。而在韩国市场,针对成年人这类消费群体,好丽友产品则使用了相对柔和的暖色调,例如:"DR.YOU"的主色调为暖黄色。这类色彩,让人看了很舒服,也能引起成人顾客的食欲。

进入中国市场后,为了满足中国人的情感需求,好丽友公司特意对包装的颜色做了一些改动。例如,好丽友公司最具代表性的产品是"巧克力派"。从1974年到1995年间,它的外包装是蓝色的,内包装是透明的。蓝色和透明的包装是好丽友巧克力派的代表颜色。可是,1995年进入中国后,这种包装的产品销售量很差。为了吸引中国客人，公司针对中国人独特的"红色情结"，及时采取应变措施，将产品内外包装的颜色都改为红色。

成功包装后的好丽友巧克力派，颜色鲜艳，富有喜庆色彩，既能吸引消费者的眼球，又符合中国人的传统文化心理。改完包装后不到3个月，好丽友的巧克力派登上了派类产品第一名的位置，而且这个成绩一直保持到现在。

2. 图案

"形象化因素能够增大人们的接纳层面，图形要素就具备这一鲜明特点"（迟天尧，2004）。好丽友公司所有的派类食品，都利用图案将成品和主打口味原材料显示在包装上。例如："鲜莓派"有草莓和树莓图案，"ott"有芝士的图案。这样把口味形象化，很容易让消费者联想到产品的味道。不过在中国市场最具代表性的图案设计还要算"熊猫派派福"。

此类产品在韩国市场并未销售过，是好丽友公司专门为了突破中国市场而生产的。其产品的图案选择了只有中国才有的大熊猫，这个印有"Made in China"标签的国宝级动物——世界野生动物保护协会的标志图案、奥运吉祥物、外交礼物、卡通片主角——不论是在中国还是在全世界都极受宠爱。而且，"熊猫派派福"的外包装上的福字采用的是倒"福"字，这又体现了产品的另一大中国特色。"福"字最原始的含义是"向上天祈求"，衍生到现在有"福气"、"福运"、"幸福"等含义。南宋时期的《梦梁录》就记载："岁旦在迩，席铺百货，画门神桃符，迎春牌儿"，"士庶家不论大小，俱洒扫门间，去尘秽，净庭户，换门神，挂钟馗，钉桃符，贴春牌，祭祀祖宗"。这种"福"文化从古至今代代延续，深刻体现了中国人对美好生活孜孜不倦的追求。民间为了更充分地表达这种向往和祝愿，干脆将"福"字倒过来贴，表示"幸福已到"、"福气已到"。好丽友公司为了迎合中国的文化习惯，把"熊猫"和"福"字合二为一，再加上极具中国特色的红色"祥云"背景图案，足见公司为了开拓中国市场的良苦用心。

3. 文字

"任何产品包装都离不开文字，它不但具备传达产品信息的功能，同时美化了产品包装"（迟天尧，2004）。好丽友在韩国销售的派类产品，文字表述都很简单，除了品牌名和产品名称外，基本上是用文字对其主要配料和营养成份进行说明。这是因为好丽友派在韩国的历史很长，消费者对其口味非常熟悉，因此不用多做形容。

而在中国市场，为了让更多的人了解好丽友派的味道，产品的包装上还用了很多文字来形容它的味道和口感。例如：

(1) 天然好原料，浓浓蛋奶香（蛋黄派）

(2) 浓浓草莓香，粒粒草莓籽（鲜莓派）

(3) 柔软细腻，榛香滋味（Q蒂系列——榛子巧克力味蛋糕）

(4) 柔软细腻的巧克力味蛋糕（Q蒂系列——摩卡巧克力味蛋糕）

(5) Q蒂蛋糕精致独到的制作工艺保留更多水分，令蛋糕加倍柔软，细腻润滑（Q蒂系列）

(6) 单枚30克→34克更好吃的秘密

　　完美配方，口感更松软更湿润

　　巧克力味道更丰富，更浓郁（巧克力派）

以上文字使用了很多具有形象感的词语，如叠音词"浓浓、粒粒"，形容词"松软、柔软、细腻、润滑、浓郁、湿润"等，让消费者自然地联想到它的口感和味道，很容易增强他们的购买欲。

除了用文字描述味道外，好丽友派的包装上有的还用文字说明产品的作用。如：

(7) 熊猫派派伴成长

　　营养的早餐，带来一天好精神

　　美味的课间餐，让小朋友恢复好体力，上课注意力更集中

　　在等待妈妈的美味大餐前，来点开胃小点心（熊猫派派福）

这些体贴关心、极具人情味的文字当然能深深地打动消费者的心。

不过最具特色的还要数好丽友每款产品包装上的"仁"字——用中国行草书写的"仁者安仁"，自由飘逸，红色字体配上象征富贵吉祥的黄色祥云，让中国消费者觉得这就是专门为中国人而生产的产品，极具亲和力。"仁"就是要关爱他人，它是由"情"衍生发展出来的情感因素，有"仁"有朋友，只要以"仁"心与朋友相处，才能赢得真正的朋友。好丽友包装上的"仁"字向人们传递着"仁"的真谛。

总之，好丽友公司的派类食品，无论是其种类与口味，还是包装上的色彩、图案和文字说明，都是明确地围绕中国的青少年这一消费群体来调整和设计的，而这样的定位又来源于公司以"情"文化为核心的经营理念。好朋友是自己的好伙伴，

青少年间的友谊是最真最纯的情感,"好丽友"就是要跟人们分享这美好的情感,跟消费者朋友分享人间的美味。消费者在享受美食的同时,也能细细体味朋友间的温情与友爱。

三 以"情"文化为核心的广告宣传策略

(一)对中韩两国电视广告语的考察

好丽友品牌形象的确立离不开其成功的广告宣传,电视媒体是好丽友进行广告宣传的重要平台。笔者收集了中韩两国近十年来的电视广告语,其中中国的电视广告语信息如下表:

表3.1 中国广告语及其诉求点列表

时间	广告词	诉求点
1995	无(只有背景音乐、画面)	暗恋、友情、父母情、师生情
1997	别忘了,我们是好朋友。	和心中的偶像成为朋友的梦想能实现
1999	松软的派加上巧克力,别忘了,好丽友!	母亲对孩子无私的爱
2000	相信好朋友!	要充分信任自己的朋友
2001	1. 朋友,相信我。 2. 朋友是什么?好丽友,好朋友!	1. 要充分信任自己的朋友 2. 友情胜过爱情
2002	真正好朋友,默默帮助你!好丽友,好朋友!	朋友在背后默默的帮助最可贵
2004	友情无界限,好丽友,好朋友!	三八线也隔不断的友情
2006	友情在身边,好丽友,好朋友!	青涩的校园感情
2008	为朋友着想的心,有仁有朋友!	时时为朋友着想
2010	谢谢你的福,也给你个福吧!	朋友的互相帮助

17年来,在中国,好丽友的核心广告产品都是巧克力派,其广告歌曲也一直没有没变过——"好丽友,好丽友,知心的朋友。离不开的好朋友,好丽友!"

同中国一样,20年来,好丽友公司在韩国的宣传也是以巧克力派为主,背景音乐也是22年没有改变——초코파이:말하지않아도알아요눈빛만보아도알아요그냥바라보면마음속에있다는걸(巧克力:不用说也知道,只看到你的眼神也知道,只是看着都会知道,我在你的心里)。具体的广告语信息请见下表:

表 3.2　韩国广告语及其诉求点列表

时间	广告词	诉求点
1990	마음을 나누어요 오리온 초코파이 分享感情。好丽友，巧克力派。	侄子对叔叔的爱
1991	1. 세상엔 고마운분들이 많습니다 　 世界上有很多该感谢的人。 2. 마음을 나누어요 오리온 초코파이 　 分享感情。好丽友，巧克力派。	要感谢帮助过我们的人 师生情、同学情
1992	1. 아빠 힘내세요 　 爸爸！加油！ 2. 마음을 나누어요 오리온 초코파이 　 分享感情。好丽友，巧克力派。	孩子对父亲的爱
1993	선생님 사랑해요~ 老师！我们爱您。	师生情
1994	无（只有背景音乐、画面）	帮助需要帮助的人
1995	이런게 정이죠 这就是情。	邻里间的互帮互助
1996	시베리아를 녹이는 한국의 정 西伯利亚也会融化的韩国情。	感情无国界
1997	그날 난 아빠의 흰머리를 처음 보았다 那天我第一次看到爸爸的白头发。	亲情
1999	둥근 정이 떴습니다 圆圆的情出来了。	孩子纯纯的友情
2001	无（只有背景音乐、画面）	友情
2011	대한민국의 정이 만든 길 大韩民国的"情"建设之路。	亲情友情的升华——爱国之情

（二）以"情"文化为核心的广告诉求点分析

从以上广告语可以得知，无论是在韩国还是在中国，好丽友对其品牌的宣传都是以"情"文化为核心，没有强调产品的美味，没有强调产品的种类，连背景歌曲都十几年来始终如一。不过，好丽友公司在中韩两国推出的"情"文化又有所差异。

在韩国，好丽友强调的是普遍的感情——包括友情、亲情、师生情、同学情、甚至是陌生人的感情，最终升华到爱国情。其主打广告语是"分享感情"。而在中国市场，好丽友最看重的是友情，其次是亲情，在中国的十条广告中，有九条表达的都是友情，占了90%。其主打广告语是"好丽友，好朋友！"这是因为在韩国，好丽友派的消费人群范围很广，小孩儿、青少年、中老年人都有。而在中国，主要的消费对象就是小朋友、青少年。每个阶段的人感情需求都不同。因此，针对不同的消费人群，广告宣传的情感诉求点也不同。针对青少年这一消费群体，公司的广告就要向消费者传递"好丽友，好朋友"的品牌理念，在消费者心目中，好丽友就是好朋友的代言。为使这个健康活泼的形象得到广泛传播，公司的广告宣传片将广告诉求本土化，抓住最能打动青少年的情感点。例如有名的"好丽友"《三八线篇》就利用"三八线"演绎了一段同桌间天真无邪的友情故事：

  一个可爱的小男孩递给同桌的小女孩一个"好丽友"派，小女孩见了一阵惊喜，但很快发现袋子里是空的。于是，惊喜变成了愤怒，小女孩生气地对他说"讨厌""不和你玩了"，一条"三八线"横在了两人之间。小男孩发愁了，他抓抓头，又从桌底下拿出一个好丽友派，轻轻地推过"三八线"。小女孩的气还没消，她将东西又推了回去。这样，你来我往，粉笔画的"三八线"渐渐模糊了，小男孩和小女孩发现自己的袖子都被粉笔染白了。两人笑了，小女孩最终接过"好丽友"派开心地吃起来。三八线消失了，就像友情一样是没有界限的。

  对很多中国人来说，"三八线"是温馨、天真的童年记忆。这个广告片抓住中国人的文化习惯，巧妙地将同桌、"三八线"与好丽友派完美地结合在一起。无形之中引起消费者对往事的回味，产生强烈的情感共鸣。就像这个小故事一样，好丽友化解了同桌的矛盾，成了传递友情的使者，从而使产品的中国情更深、中国味更浓。

  2008年，好丽友又将"仁"引入好丽友品牌内涵，倡导"有仁有朋友"，意思是说"以仁的心与朋友相处，去赢得真正的好朋友"，从而使"友情"的内涵更为具体。随着好丽友公司在中国的发展，好丽友的消费群体也不断扩大。今年来，为了在中国开发成年人市场，好丽友的广告语，也从"好丽友，好朋友"改成了"好丽友，好伴侣"，这同时也体现了好丽友一直以来把消费者当作自己的朋友和伴侣，而不仅仅是销售对象，从而拉近了与消费者的距离，增强消费者对产品质量的信任感。

四　好丽友公司的成功经验及其对其他企业的启示

好丽友在20世纪90年代初期进入中国市场后，目前在华投资总额超过5,000万美元，拥有两家法人：好丽友食品有限公司和好丽友食品（上海）有限公司，在河北廊坊和上海青浦各建有一个生产基地，设北京本部、青岛本部、上海本部、广州本部四个营业本部，统管全国六十多个营业所，负责对华北、东北、西北、华东、华中、华南、西南等地区的销售。好丽友在中国市场的产品线主要包括三大系列：派类产品、蛋糕类产品和口香糖系列产品。作为派产品和派文化的开创者，好丽友自1974年首创并上市巧克力派以来，其产品历经三十余年畅销不衰。目前，好丽友生产的派已经畅销海外六十多个国家和地区，在世界巧克力派市场占有绝对领先的份额。同样在中国市场也取得了不俗的成绩——自1997年3月正式在中国市场投产后，15年来，在中国"派"类食品中，排名一直位居第一。

根据笔者的考察，广州的家乐福、百佳、易初莲花、好又多和麦德隆等超市，销售派类食品的情况如下表：

表4.1　好丽友派在广州各大超市数量表

超市名称 数量	好又多	百家	家乐福	易初莲花	麦德隆
派类产品总种类数（种）	45	38	35	41	24
好丽友派类产品种类数（种）	10	10	9	8	5
好丽友所占比率（%）	22.2	26.3	25.7	19.5	20.8

由上表可以看出，好丽友派在目前竞争十分激烈的市场下，仍占有相当大的比例。之所以会取得这样的成绩，与其确立以"情"文化为核心的品牌形象及其因地制宜的"本土化"销售及宣传策略是分不开的。具体来说：

第一，深入研究产品销售所在国的传统文化，因地制宜塑造符合目标国消费者文化心理的品牌形象。

"情"文化是好丽友公司一向推崇的品牌理念。在韩国，人际关系当中"情"是最重要的因素之一，韩国人的"情"不仅仅是一家人之间的感情，亲戚之间、朋友之间甚至是陌生人之间也讲究一个"情"字。产品进入中国后，公司将"情"文化演绎得更具体，突出"友情"，强调朋友之间的信任、关爱、互相帮助。

当公司的"情"文化在中国深入人心后，为了实现真正的中国市场的本土化，好丽友公司也将在韩国四十多年来坚持下来的公司理念从"情"改为"仁"。"仁"是中国古代一种含义极广的道德观念,自古以来,中国的文人墨客都对"仁"有不同的界说。但归根结底,"仁"指的是对他人的关爱,是一种建立在自重、自爱、自强基础上的对他人的关心和爱护,其核心是指人与人之间的相亲相爱。

好丽友的"仁者安仁"源于中国儒家学派代表人物孔子的《论语•里仁》,其含义是:有仁德的人,安于仁道。旨在说明不求回报的高尚品格修养。之所以会选择孔子的仁爱思想,一是因为儒家文化对中国人思想的影响极其深远,这样的宣传理念能引起中国消费者民族情感的共鸣,比较有亲切感。二是因为"仁者安仁"经营理念的推广体现了公司用心制作好食品的决心,能增强中国消费者对产品质量的信任。从"有仁,有朋友"的广告词到包装上情感丰富的红色"仁"字和一系列的分享"仁"的故事的活动,无不体现了好丽友公司在广告宣传和品牌形象塑造方面的良苦用心。可以说中国市场的"仁"文化是"情"文化的一个延伸——基于"情"却又高于"情"。

第二,以青少年为主要消费群体,树立健康向上的品牌形象。

首先好丽友公司产品的种类、名称和包装等都仅仅围绕"友情"的主体——青少年这一消费群体来设计和推广。好丽友在中国的派类产品以巧克力味为主,未在韩国上市的六款产品基本上是在巧克力味的基础上添加了草莓、牛奶、榛子、酸奶、可可等,这些都是青少年的最爱。相对来说,只在韩国市场上销售的核桃味、不甜的派类产品就难以吸引青少年消费者。从产品名称来看,"熊猫派派福"可爱吉祥,熊猫图案让人忍俊不禁,"提拉米苏"、"Q蒂"则充满了时尚感,这些对青少年都极具吸引力。

青少年的心灵是健康纯洁的。好丽友公司从青少年的心理特点出发,着力宣传健康向上的友情,在实现经济目标的同时,还一直不忘为青少年和品牌形象代言人"大熊猫"谋福利,积极投身中国的社会公益活动,如建立希望小学、兴建抗震希望教室,让灾区的孩子有学上;与成都大熊猫基地合作设立"派派福"基金,用于认养大熊猫以及支持提高大熊猫成活率的研究。

付出必定有回报,企业从中得到的好处是:增强了企业品牌的影响力,扩大销售市场份额,吸引更多的人才和投资者等。

第三,在人力资源管理上注重员工的本土化。

好丽友公司之所以能对中国的传统文化和消费者有清晰深入的了解,主要是因为公司大量聘用了中国本土员工。好丽友在华公司的员工99%是中国人,剩下的1%

的韩国人都是在中国呆了 15 年以上的中国通。正因为如此，公司才能真正了解中国消费者的喜好，才能领会中国消费者的民族情感。

总之，好丽友公司的成功也印证了其老板曾经说过的那句话："真正的本土化就是让很多中国人认为好丽友是中国的牌子，这样才能实现真正的本土化。"

参考文献

[1] 洪明. 论品牌策划与品牌名称翻译中的文化策略 [J]. 湖南社会科学，2006，(03).

[2] 三友、李静. 广告翻译中的文化形象转换 [J]. 中国科技翻译，2003，(08).

[3] 纪可. 商标翻译策略和消费者偏好调查研究 [J]. 广西民族大学学报（哲学社会科学版），2011，(05).

[4] 唐德根. 文化差异在品牌翻译中的运用 [J]. 上海科技翻译，1997，(01).

[5] 王同兴、王惠. 中美包装文化观念与定位比较研究 [J]. 艺术理论，2010，(11).

[6] 迟天尧. 论包装设计的文化性 [J]. 包装工程，2004，(05).

[7] 陈志权. 现代包装设计与消费心理关系 [J]. 包装工程，2006，(02).

[8] 张雨、王舒雅. 广告用语的语用特点 [J]. 安徽文学，2009，(06).

[9] 张晓颖、陶隐宁. 语用原则下的食品广告语分析 [J]. 咸宁学院学报，2010，(08).

[10] 好丽友公司网站. http://www.orionworld.com/，2011-03-16.

范文二

中国广州和越南河内餐馆命名探析

范英武（越南）

[摘要] 中国广州和越南河内的餐馆命名既有相似的地方，又因为文化的不同而有差异。本文从两地餐馆命名的类型和特点等方面对两地餐馆命名进行了对比分析。文章首先分析了广州和河内餐馆命名的类型，然后对比两地餐馆命名在语言方面的异同，并在分析的基础上提出了餐馆命名的建议，希望对中越两国在异地开餐馆的朋友能有所帮助，也希望能对中越文化的交流做出自己的一点努力。

[关键词] 广州；河内；餐馆命名；对比；异同

一 引言

随着中越两国经贸往来的日益频繁，餐饮业作为经济、文化的组成部分，也不断地在两国之间进行着交流与渗透。中国餐馆越来越多地出现在越南的大街小巷。在中国的西南，越南餐馆以及越南风味的食品也越来越受到中国人的喜爱。

受语言、文化、风俗习惯等诸多因素的影响，一些传统的思想在人们的观念里根深蒂固。不同国家的餐馆名称各有特色，体现出国别差异。因此在他国经营餐饮行业的商务人士，在给餐馆命名时就要考虑所在国家的文化传统观念，以吸引消费者，促进餐馆的经营。

本文以中国广州市和越南河内市前一百名口味最佳的餐馆名称为研究对象，这前一百名餐馆分别是广州饮食网和河内餐馆网以最佳口味为评价标准所选取的。本文拟对广州和河内这前一百名餐馆的命名类型及特点进行分析，并在此基础上提出餐馆命名的建议，希望对中越两国在异地开餐馆的朋友能有所帮助，也希望能对中越文化的交流做出自己的一点努力。

二 广州和河内餐馆名的语义分析

不同的行业有不同的标识词，餐饮业也有自己的标识词，这种标识词一般称为通名，如"酒楼、饭馆"等。专名是特定的专有名称，餐馆的专名体现看各个餐馆的个性特征。如"北园酒家"，"北园"就是专名。那广州和河内餐馆名称是如何组成的？请看下表：

表2.1 广州、河内餐馆名称的形式特点

命名方式	专名+通名（%）	只有专名（%）	只有通名（%）	其它（%）
广州	86	8	0	6
河内	82	3	2	13

从表2.1可以看出广州、河内餐馆名大多数都是"专名＋通名"这种形式。通过考察，笔者发现广州、河内餐馆名有多种类型，一个名字往往是由很多种元素搭配组合出现的，它们之间搭配组合的形式多种多样，如：广州的"中森会粤菜料理"就由"人名＋菜系＋通名"这三种元素搭配组合而成的；河内的"Quan chao trai Thai Thinh"是由"通名＋特菜名＋地名"组成。

（一）广州和河内餐馆名称的专名分析

1. 广州餐馆名的专名语义类型

笔者在口碑网（http://www.koubei.com）搜集了广州前一百名餐馆的名称，通过考察分析，笔者发现广州餐馆名的专名语义类型多种多样，主要有以下几个方面的特点：

第一，利用外国名人、名地方、名牌来命名餐馆，也就是傍名或借名。这是商场上惯用的一招，餐饮行业也不例外。以这种方式命名的餐馆在广州比较常见，占统计总数的57%。如：

伊特丽 西餐　　　　哈根达斯　　星巴克　　巴罗那 餐厅
（人名＋通名）　　（人名）　　（人名）　　（品牌名＋通名）

加利福尼亚 西餐厅　　塞纳河 餐厅　　　　爱思达 西班牙 西餐厅
（地名 ＋ 通名）　　（地名＋通名）　　（品牌 ＋ 国名 ＋ 通名）

显而易见，借用名人效应和品牌效应是一种很常见的促销手段。餐饮行业借用名人名牌，一方面可以提升餐馆的档次，同时一定程度上可以满足消费者的心理需求。

第二，用外国语言命名餐馆，以这种方式命名的餐馆占统计总数的9%。如：

Tomatoes Pizzeria　　Bici Café　　Jimmy's Bakery
（意大利语）　　　　（英语）　　（英语）

用外语来命名餐馆，鲜明地体现了广州国际化大都市的特色，对于不懂汉语的外国人士来说，这里就是一个就餐的好去处。

第三，以中国的地名来命名。如以一个城市、区、县、街巷、房号等命名的餐馆，用于说明餐馆的地方特色。以这种方式命名的餐馆占统计总数的9%。如：

南海渔村　　香港城　　澳门街　　10号咖啡厅

顾客看到"南海渔村"这样的餐馆名，很容易就能了解餐馆经营的特色是以海鲜为主。而看到"香港城"、"澳门街"这类的餐馆名，想到的应该是现代气息比较浓的、中西结合式的特色。而"10号咖啡厅"中的10号虽是餐馆的房号，但数字"10"在中国有丰富的内涵，顾客可以产生很多美好的想象。可见，通过这种方式命名可以让顾客联想到这个地方的历史、文化、风景、物产等丰富的内涵。

第四，以"店主名+菜式+主打菜"或"店主名+主打菜"命名。这种命名方式就是抓住顾客饮食需求的心理，直接利用饮食的具体内容招徕顾客。以这种方式命名的餐馆占统计总数的4%。如：

勇志日式烤肉　　阿一鲍鱼

以上这两个餐馆名，顾客一看就可以清楚地知道它们的经营特色，日式的烤肉、鲍鱼，特色鲜明。

第五，以"英语+汉语"的形式命名。这种命名方式一般是使用中英文对照取名，占统计总数的3%。如：

浪漫饭店 ROMANTIC RESTAURANT　　　　FOODS 国际美食舞台

Prego 意大利餐厅

广州是一个国际化大都市，以英汉对照命名的方式可以吸引更多的外籍人士来就餐，无疑也提升了餐馆的档次。

第六，其他命名方式。由于主客观诸多因素的影响，餐馆命名的方式多种多样。除了以上分类介绍的以外，还有其他的命名方式。但不管怎么说，命名者都是希望通过餐馆名来吸引更多的顾客，达到促进经营的目的。因此，命名者会更多地考虑消费者的心理，运用各种方法以迎合消费者的心理。如"甜心客"、"鼎鼎香"、"必胜客"这类餐馆名，比较有现代气息，它所定位的人群应该是年轻人。

再比方说"建国酒家"、"丝绸之路扒房"，给人一种怀旧的情愫，引起消费者对旧日的追忆，对历史的追怀。这类餐馆更能引起成功人士或中老年这类消费者的喜爱。

2. 河内餐馆名的专名语义类型

笔者在河内餐馆网（http://www.084.vn/han/rating/restaurant/?page=1）搜集了河内前一百名餐馆的名称。通过调查和分析，发现河内餐馆名的构成类型主要有以下几个方面的特点：

第一，以主打菜、特色菜取名，以这种方式命名的餐馆在河内最多，占统计总数的47%。如：

Pho Sot Vang　　Vit quay　　Mi Van Than　　Nem Chua Nuong

　　炒粉　　　　烧鸭　　　　云吞面　　　　发酵猪肉卷

（主打菜名）　（主打菜名）（特色菜名）　　（特色菜）

从消费者的角度来说，用这种方式命名，可以让消费者明明白白地享受，想吃什么，就去有这种主打菜的餐馆，非常方便消费者选择。

第二，用外国语言命名餐馆。河内的餐馆名主要包括日语、英语、泰语等国家的语言。这类餐馆命名在河内也比较多，占统计总数的21%。如：

American Club　　Ashahi shusi　　Baan Thai　　Au Delice

　（英语）　　　　（日语）　　　（泰语）　　（意大利语）

从这一点可以看出，河内近年改革的步伐很快，国际化程度越来越高，因此用外国语来命名餐馆的现象比较突出了。

第三，以"主打菜或特色菜名＋历史名人"来命名。这类餐馆名称占统计总数的11%，如：

Pho Sot Vang Ton Duc Thang　　　　Chao Ca Ly Quoc Su

　米粉　　　　孙德胜　　　　　　鱼粥　　　　李国寺

（主打菜）　（历史名人）　　　（主打菜）　（历史名人）

这种命名方式也是借用名人效应达到经营目的。

第四，以"店主名＋英文通名"命名或"地名＋英文通名"命名。以这种方式命名的餐馆占统计总数的7%。如：

Nguyen Son　Restaurant　　　Thin Bakery　　　　AnDong Restaurant

　阮山　　　餐厅　　　　　辰　饼　店　　　　安东　　餐厅

（店主名 ＋ 通名）　　（店主名＋主打食品＋通名）　（店主名＋通名）

第五，以"餐馆的主打菜或特色菜＋越南地名"来命名餐馆。这种命名方式的餐馆占统计总数的5%。如：

Bun Bo Hue	Ga Tan Thuoc Bac	TongDuyTan	Banh Tom Ho Tay
牛肉粉 顺化	香草鸡	宋唯津	（虾饼 西湖）
（主打菜名+地名）	（特色菜 + 地名）		（特色菜+地名）

这种命名方式突出体现了餐馆经营菜式的地方特色，容易打造地方菜品牌。

第六，以"通名+越南地名"来命名。这里的地名可以表示菜品来源地或店主的家乡，或与餐馆相关的地方。以这种方式命名的餐馆占统计总数的4%。如：

Nha Hang Ho Tay	NhaHang Lac Long Quan	Nha Hang Long Dinh
餐厅 西湖	餐厅 落龙君	餐厅 龙廷
（通名 + 地名）	（通名 + 地名）	（通名 + 地名）

这类餐馆经营的菜式都是比较有地方特色的越南菜，能体现地方特色。

第七，以"主打菜名或特色菜+店主名"命名。这类餐馆名称占统计总数的3%。如：

Banh My Phuc	Pho Thin	Com Nieu Thuy Nga
面包 副	粉 辰	箪食 翠娥
（主打菜名+店主名）	（主打菜名+店主名）	（特色菜+店主名）

这类餐馆命名类似于中国的老字号，给消费者的感觉是有个性、有特色。

此外，河内也有含有数字的餐馆名。如"37 BatDan"、"9 Gang"，但这些数字都是标识餐馆的地理位置，没有特殊的含义。

由以上分析可知，河内餐馆命名的方式也是多种多样的，目的都是一样，想法设法吸引消费者，促进经营。

3. 广州、河内餐馆名称的专名对比分析

从以上广州和河内餐馆命名的类型可以看出，广州和河内餐馆的专名在形式上既有相同的地方又有不同的地方。根据笔者的统计调查，两地餐馆命名的类型多种多样，都有用地方名、主打菜、英文等命名的餐馆，但河内最常用的命名方式是以主打菜或特色菜命名的餐馆，如"Mi Van Than（云吞面）、ChaoCa（鱼粥）"。而广州大多数餐馆是利用名人名牌名地方命名，如"伊特丽西餐、塞纳河餐厅"等。

根据统计，我们也可以看出河内用外国语言来命名的餐馆比广州多。笔者认为这是因为河内是越南的首都，近几年很多外来企业在河内投资，所以为了吸引顾客，一些餐馆就用外国语言来命名餐馆。而广州是国际化的大都市，广州美食享誉天下，用中文名更能体现其文化底蕴和特色。

此外，笔者还发现河内餐馆常常使用历史名人或历史地名为餐馆命名，而在中国这种类型比较少。笔者认为这是中越两国文化差异而形成的。

(二) 广州和河内餐馆名称的通名分析

1. 广州餐馆名的通名分析

行业标识词一般情况下能传递出两方面的信息，一是行业的性质或气派；二是一种行业的标志[①]。有一部分行业标识词通用于各种商业部门，不体现行业的特征，如"店、楼、铺、坊、厅、房"等等；另一些则既显示了行业性质，又体现了商业特征，这些行业标识词往往是在前者的基础上加上修饰性的成分，如"药房"、"发廊"。餐饮业也有自己的专用标识词，如"餐厅、餐馆、酒店、酒家、酒楼、饭店、饭庄、饭馆、食府"等等。选择标识词与餐馆的档次密切相关。

餐馆档次可根据餐馆规模大小、内外装饰的豪华程度、饮食的质量、服务人员的素养、餐馆的人均消费水平和服务水平等因素进行划分。现参照饮食行业的定价规律，以人均消费水平为主要依据，将餐馆划分为高（80元以上）、中（30～80元）、低（30元以下）三个档次。在本文调查的100个广州餐馆名中，含有行业标识词的餐馆名占所有餐馆的86%。而在这些含有行业标识词的餐馆名中，中低档餐馆居多数。现将高、中、低档餐馆名称举例如下：

高档：小唐苑酒家　桃园馆　潮皇食府　白天鹅风味餐厅　玉堂春暖餐厅
　　　白天鹅美食屋　半岛明珠酒家

中档：香港城　华龙锦轩　松风轩　六合茶居　兴悦酒家　白虎西餐厅
　　　半岛名轩酒家　宏图府　凌璇阁

低档：新联肠粉店　皇鹏烧鹅仔华茂店　荔湾名食家　意粉屋
　　　塞纳河西餐厅　左邻右里美食坊

表2.2　广州不同档次的餐馆的通名

档次	通名
高档	酒家、饭店、食府、馆、餐厅、世界、公司
中档	酒家、餐厅、城、居、轩、府、馆、阁
低档	馆、店、坊、餐厅、屋、酒楼

从表2.2可以看出，"餐厅、酒楼、酒家"等传统的标识词在三个档次中占主要地位，但高档餐馆选取的行业标识词一般都是饮食业专用标识词，显得正式和庄重；中低档餐馆通名的选取则趋向于随意化，富有灵活性。此外，高档餐馆会选取"世

界、公司"这样以"大"为特征的词体现其规模和气势,而中低档餐馆则偏向于选取小巧精致的标识词,如"乡、阁、轩"。这显示出餐馆在选取行业标识词时,会考虑餐馆的运营规模和实力进行定位。

2. 河内餐馆名的通名分析

河内餐馆的档次一般也是根据餐馆的规模,内外装饰和服务水平来划分。在本文调查的 100 个餐馆店名中,含有行业标识词的店名占所有餐馆名的 84%。现把河内高、中、低档餐馆名称举例如下:

高档:Nha Hang Au Lac   Nha Hang ABC Hang Bai
       餐厅   悠乐   餐厅   ABC   杭百

       Nha Hang Ashima Trieu Viet Vuong
       餐厅   Ashima   赵   越   王

中档:Nha Hang 9 Gang   Quan Ngon   Quan Pho Thin
       餐厅   9 炸   馆 好吃   馆 粉 辰

       Nha Hang An Dong
       餐厅   安 东

低档:Nha Hang Muong Thanh   Quan Ba Sau
       餐厅   芒   清   馆 奶奶 六

表 2.3   河内不同档次的餐馆的通名

档次	通名
高档	Nha Hang(餐厅)
中档	Nha Hang(餐厅)、Quan(馆)
低档	Nha Hang(餐厅)、Quan(馆)

从表 2.3 可以看出,河内餐馆不管餐馆的档次都可以用"Nha Hang(餐厅)"这一标识词,但高档餐馆只选取"Nha Hang(餐厅)作为标识词,而中、低档餐馆则还可选取"Quan(馆)"作为标识词。

3. 广州和河内餐馆名的通名比较

通过以上分析可以看出,广州和河内餐馆名中的行业标识词即通名有明显的差异。广州餐馆的通名丰富,不同档次的餐馆都有很多不同的通名。其通名的选取呈现出多样化的特征,多采用传统意义上的通名来为餐馆命名,如:"餐馆、酒店、酒楼、饭馆、饭庄、饭店、食府"。有些餐馆为了突出自己的古典特色,所选用的通名多来自于古语词，如"轩、阁"。可见，广州餐馆名中通名的选取，能体现出不同档次的餐馆各自不同的特点。

而河内餐馆名中的通名只有两种类型："Nha Hang（餐厅）"和"Quan（馆）"。河内高档餐馆所选取的通名基本上是"餐厅"，中低档餐馆所选取的通名也没有多样化的特点，只有两种。笔者认为两地的餐馆名的通名有诸多不同，是因为两国的语言和文化的差异。中国的汉语词汇很丰富，同义词很多，充分体现出了汉语言的魅力。而越南语的词汇相对要少一些，近义词比较少。

三　广州和河内餐馆名的语音结构分析

（一）广州餐馆名的语音分析

中国行业取名，一般都喜欢取得简短上口，以方便称说和记忆，餐馆命名也不例外[②]。可是与其他行业也有不同，餐馆命名有时候需要传递的信息很多，因此有些餐馆名字比较长，音节数较多。据统计，广州餐馆名在音节数上的选择情况如下表：

表3.1　广州餐馆名的音节情况

音节数量（个）	2	3	4	5	6	7	8	9	10
比例（%）	2	22	26	11	15	5	3	3	0

（还有13%是以"外语+汉字"或"数字+汉字"的餐馆命名）

从表中可以看出广州餐馆名最常见的是3~6个音节，最少的为双音节，最多的不超过9个音节。

第一，双音节或3个音节的餐馆名一般只有专名，个别3个音节的也有"专名+通名"的形式。如：

蕉叶　　炳胜　　星巴克　　桃园　馆
（专名）（专名）（专名）　（专名+通名）

第二，4~6个音节的餐馆名通常是"专名+通名"的形式。如：

北园　酒家　　丽廊　咖啡厅　　三人行　西餐厅
（地名+通名）（专名+通名）　（专名+通名）

第三，6个音节以上的餐馆名一般是"专名+菜系名或国籍+通名"的形式。如：

中森会　粤菜　料理　　　　龙野城　日本　料理
（人名+菜系名+通名）　　　（地名+国籍名+通名）

从上面的分析可以看出，音节多的餐馆名虽然显得比较长，但其中包容的信息也相对比较丰富。笔者认为，在称说餐馆名时，人们一般喜欢说3~4个音节的名称。由于专名在称说上的不可缺少，因此餐馆专名在音节上的选择应该是很重要的。

（二）河内餐馆名的语音分析

河内饮食业命名时一般喜欢取传递信息多的。根据笔者调查，选取简短上口的名称的餐馆不是很多。据统计，河内餐馆名在音节数上的选取情况如下表：

表3.2　河内餐馆名的音节情况

音节数量(个)	2	3	4	5	6	7	8	9	10
比例(%)	7	3	6	27	19	11	3	0	0

（还有24%是以"外语+越语"或"数字+越语"的餐馆命名）

从表3.2可以看出河内餐馆名最常见的是5~6个音节，最少的为3个和8个音节。在所调查的河内餐馆当中笔者没有发现9个或9个以上音节的餐馆名。

第一，双音节或3个音节的餐馆名一般只有专名，个别也有"专名+通名"或"通名+特色名"的形式，如：

Thang Tu　　Quan Ngon　　An va Noi　　Quan Chao ca
　四月　　　馆　好吃　　　吃与聊　　　馆　鱼粥
　（专名）　（通名+专名）　（专名）　　（通名+主打食物名）

第二，4~5个音节的餐馆名主要是"通名+专名"，个别的也只有专名，如：

Banh Tom Ho Tay　　　Nha Hang Binh Minh　　　Quan Nem Chua Nuong
　虾饼　　西湖　　　　餐厅　　黎明　　　　　　馆　　　春卷
（主打菜名+地名）　　（通名　+　人名）　　　（通名　+　主打菜名）

（在越南，虾饼和春卷都是地方特色菜，不是点心）

Quan ChaoLong HaNoi　　　NhaHang HaiSan Luis
　馆　及第粥　河内　　　　餐厅　海鲜　Luis
（通名+特色菜+地名）　　（通名+主打菜+人名）

第三，5个音节以上的餐馆名通常是"通名+特色名+专名"的形式，如：

Quan Com Nieu Thuy Nga　　　Quan Chao Ca Ly Quoc Su
　餐厅　箪食　翠娥　　　　　　管　鱼粥　李国寺
（通名+特色菜+人名）　　　　（通名+特色菜+人名）

通过以上分析，可以看到河内餐馆名一般选取包含信息多的名称，也有餐馆为了迎合顾客的好奇心理而选取名称比较短的，这类餐馆名传递的信息不是很多。

（三）广州和河内餐馆名的语音对比分析

通过以上分析不难看出，广州和河内的餐馆名在语音结构上既有相同的地方又有不同的地方。

首先，餐馆名不仅仅是一个名称，它需要向顾客传递一些信息。单音节、双音节虽然便于说和记，但是传达的信息太少。而七个音节以上的音节虽然能够包含丰富的信息，但是过于冗长，不利于人们的记忆。从表3.1和表3.2可以看出广州、河内餐馆名选取单音节、双音节和七个音节以上的比较少。广州餐馆大多数选取3到5个音节的，不仅传递了较为完整的信息，同时朗朗上口，便于记忆和称说，有利于名字的传播。而对越南语来说，选取3个音节的餐馆名，还不能传递完整的信息。

其次，4个音节的广州餐馆名读起来整齐平稳，节奏明快和谐，结构也很均衡对称，因而被广泛运用。对于广州餐馆名，4个音节就能够达到表意丰富、信息容量充足的要求，因而也符合社会快节奏发展的形式。而对于越南语来说，4个音节的餐馆名还不足以传递丰富的信息。通过调查，笔者发现大部分河内餐馆名选择了5个音节。

最后，我们还可以看出，广州餐馆名和河内餐馆名使用的通名都是单音节和双音节的，如：广州餐馆名中的"馆、城、居、轩、府、馆、阁"是单音节，"酒楼、餐厅"是双音节。而河内餐馆名中的"Quan（馆）"和"Nha Hang（餐厅）"分别是单音节和双音节。

四 在对方国开设的餐馆在命名上的不足及相关建议

就本文所研究的对象而言，大部分餐馆的命名都是成功的，但也还有很多餐馆在命名上存在不足之处。为此，笔者主要就存在的相关问题提出一些建议，以供经营者参考。

（一）在越南的中国餐馆命名上的不足与建议

1. 在越南的中国餐馆命名上的不足

第一，餐馆名称过长

在他国开设餐馆，无论起什么名字都应该选取一个容易读，容易记，念上去发音朗朗上口的名字，使顾客一看到餐馆名就清楚明白、不发生歧义。由于有些中国餐馆的经营者不了解越南语言或文化，给自己餐馆取的名称过长，如：

Nha Hang　Trung Quoc　Lau Nam Thien Nhien Tay Tang
　餐厅　　　中国　　　火锅菇　　　　西藏

由于两国的语言差异，中国餐馆名翻译成越南语后字数过多，导致听起来和叫起来都不顺口，很难记住。这就不利于餐馆的宣传语推广，达不到促进经营的目的。

第二，中国餐馆名翻译成越南语后存在语法上的错误

由于语言的不同，中国人不了解越南语，导致有些中国餐馆名翻译成越南语后，存在语法上的错误。如：

Nha Hang Trung Quoc Nam Quoc Mi Vi Quan
　餐厅　　中国　　南国　　美味　馆

上面这个餐馆名在翻译成越南语时就产生了语法错误，因为在越南语中，一个餐馆名不能同时用两个通名，要么用 NhaHang（餐厅）作为通名，要么用 Quan（馆）作为通名。这类餐馆名在越南人看起来就是很可笑的低级错误，怎么能引起消费者的兴趣呢？

2. 在越南的中国餐馆命名建议

一家饭馆的风格、定位常常就是从起名字开始的，可以这么说，名称的好坏从一开始就决定了这家餐馆未来的成败。笔者认为中国的经营者在越南开设餐馆命名时要注意以下几个问题：

首先，餐馆名应该有美感。俗话说，活着不是为了吃饭，吃饭不是为了吃饱。除了一些非常大众化的快餐、便餐以外，餐馆名有美的意境，有利于吸引顾客，满足顾客的审美心理。

其次，餐馆名应该简洁易记忆，只有这样才能在消费者心目中留下深刻的印象，便于口口相传。

此外，餐馆名应该符合本地的风俗习惯，迎合其目标顾客的心理需求，这样才能树立美好的形象，从而增加对顾客的吸引力。

（二）在中国的越南餐馆命名上的不足与建议

1. 在中国的越南餐馆命名上的不足

第一，名不副实

为了使餐馆名能吸引顾客，经营者想尽办法为餐馆取个好名字，结果不少存在

名不副实的现象。例如有些餐馆用"城""庄"命名，像"Huong Vi Ha Thanh（河内美味城）"用"城"做通名的餐馆，其规模并不大。再如给人"温馨"或"休闲"感觉的餐馆名，其实并不能真正给顾客这些感觉和享受。这样徒有虚名的餐馆，是很难有回头客的。

第二，没有明确的标识词

在消费者没有走进餐馆之前，往往只能依靠对餐馆名的理解来猜测餐馆的经营信息。如果餐馆名没有明确的通名，那就很难吸引消费者。如"大金洋"、"137号站前路"。这样的名称你能猜测出它是餐馆吗？答案是否定的。像这类完全没有标识词的餐馆，又怎样吸引消费者呢？

再如，有个餐馆叫"大虾头"，笔者认为在中国尤其是在广州，餐馆选取这个名称，容易引起消费者的反感。所以在他国开设餐馆，其命名应该考虑当地的语言和文化习俗。

2. 在中国的越南餐馆命名建议

餐馆命名应该简洁易记忆，而且具有传播力。好的名称应该一字不多，一字不少，让人过目不忘，过耳不忘。例如"Vi Sai Gon（西贡味）"以越南西贡特色菜为经营特色。

餐馆命名必须具有餐饮属性，也就是与其他行业不同的通名。比如前面提到的"大金洋"、"137号站前路"就没有体现行业属性，顾客看到这样的名称根本不会把它与餐馆联系起来。

当然，餐馆命名需要有个性有特色。如果没有特色，没有个性，满街都是千篇一律的如"老李饭店""兄弟饭店"，或者是"越南北方美味"，这样顾客很难分得出记得住，也就没有独特的吸引力了。

此外，餐馆命名应该名正言顺，名副其实。餐馆的经营者在确定自己餐馆命名之前，先要明确自己开多大规模的饭馆，目标客源的层次。这样有利于命名的时候选择名副其实的名称，引起顾客的信任感。

总的来说，在餐饮业迅速发展的今天，市面上的餐馆比比皆是，为了以示区别，餐馆取名的时候，应体现出经营菜式的风味特色，通过名字传递自己的经营特色和经营项目，让顾客一看便知所经营的内容和风味，能使顾客从浩如烟海的食林中发现你的与众不同。

五 结语

通过上面的分析可以发现，餐馆名称具有深厚的文化内涵。本文从广州和河内餐馆名的语义类型特点、语音的特征等方面对两地餐馆名称进行了对比分析。分析发现，广州和河内餐馆在这几个方面既有相同的地方又有不同的地方。而导致其差异的原因，主要与中越两国的语言、文化和人们的生活习俗有关。

通过调查，笔者还发现广州和河内两地的人们在对方国开设的餐馆，其命名在本土化过程中还存在一些问题。不过，无论我们采用何种命名方式，我们都必须把握住本土化命名的特点，要注意不同地域的文化，不同民族的风俗习惯及审美的心理差异。命名不仅要体现语义对等的问题，更要注重是否符合当地消费者的偏好，避免不良的影响。

由于本人学识水平有限，本文还存在不足之处，很多方面还有待进一步的完善和提高。笔者在今后的学习中将继续关注这一问题。

注释：

① 王梦纯.餐饮行业的店名特点研究[J].湖北社会科学，2006，（08）：179.

② 任志萍.中餐馆店名的语言及文化特点分析[J].四川乐山师院学报，2004，（01）：72.

参考文献：

[1] 阿利亚.俄汉实体店名称对比[D].广州：中山大学国际汉语学院，2010.

[2] 韩鉴堂.中国文化[M].北京：北京语言大学出版社，1999.

[3] 华锦木.维吾尔族餐馆名称及其文化内涵探析[J].新疆师范大学学报，2005，（04）.

[4] 林美慧.异国风味[M].昆明：云南人民出版社，2007.

[5] 任志萍.中餐馆店名的语言及文化特点分析[J].四川乐山师院学报，2004，（01）.

[6] 王梦纯.餐饮行业的店名特点研究[J].湖北社会科学，2006，（08）.

[7] 许红晴.广州餐馆名语言分析[J].梧州学院学报，2009，（02）.

[8] 叶冠军.从中俄餐馆命名之比较看两国外来餐馆命名的问题[D].广州：中山大学国际汉语学院，2010.

[9] 餐馆名称大全.http://www.58ts.cn/repast/show.asp?Id=48301，2010-09-01.

[10] 广州餐馆排名榜. http://www.5i9d.com/Eatery/orderEatery.aspx?intCity=8&type=2&sort=WeekCount&pageIndex=0,2010-09-01.

[11] 河内餐馆排名榜.http://www.084.vn/han/rating/restaurant/?page=1,2010-09-01.

范文三

汉韩比喻修辞对比研究

尹智慧（韩国）

[摘要] 比喻是一种常用的修辞方式，具有鲜明的民族特色。不同的语言在比喻的语言结构方式上和比喻的喻体选择上都有自己的特点，这给跨文化交际带来了一定的影响。本文首先分析中韩两国比喻的类型及语言结构形式特点，然后对比两种语言的比喻在喻体选择上的异同点。文章认为汉韩比喻的异同点主要表现在三个方面，即：喻体相同或相近，比喻意义相同；喻体相同，但比喻意义不同；喻体不同，比喻意义相同。文章还从社会文化角度分析了中韩比喻不同的原因。

[关键词] 汉语和韩语；比喻；喻体；对比；社会文化

1. 引言

近年来，中韩两国政治、经济、文化等方面的交往日益密切，韩国人对汉语的热情不断高涨，来中国留学的韩国人也越来越多。为更好地开展对韩国人的汉语教学活动，我们有必要对比两国语言的异同点。前人的研究主要集中于汉、韩两种语言在语音、词汇、语法等方面的比较，而有关这两种语言修辞格的研究则很少有人涉足。不同的语言，修辞格的种类都是极为丰富的，许多修辞格的运用也都能反映一个民族的社会文化心理。在跨文化交际中，恰当地运用修辞格，可以提高语言表达效果，反之，就有可能构成交际障碍，造成误会。

比喻就是利用不同事物之间的某些相似的地方，借一个事物来比喻另一个事物，也就是我们平常所说的"打比方"。例如："我的脸像圆月"这个句子就是利用"我的脸"和"圆月"之间"圆"的相似点来作比喻，其中，"我的脸"是"本体"，"像"

是"喻词","圆月"是"喻体"。

比喻具有鲜明的民族特色,不同的语言在比喻的喻体选择和比喻的语言结构方式上都有自己的特点。所以本人想研究汉韩两国的语言在比喻上有什么异同点,希望通过此项研究帮助学汉语的韩国留学生更好地运用比喻,也为学习者提供更多的知识。

本文首先分析汉韩语比喻的语言结构形式特点,其次利用网络、图书来收集中国人和韩国人使用的比喻句,然后对资料进行比较分析,探讨汉韩两种语言在比喻喻体选择上的异同点,从中看出社会文化心理对比喻构成的影响。

2. 汉、韩语比喻的类型及语言结构形式特点

汉语和韩语中典型的比喻一般都由三个部分组成。被比的事物叫"本体",作比喻的事物叫"喻体",连接"本体"和"喻体"的词语叫"喻词"。根据"喻体"、"本体"和"喻词"这三个成分的隐现及其不同的结构形式,我们可以将汉语和韩语的比喻分为不同的类型。请看表1和表2:

表1 汉语比喻的主要类型

类别	结构	成分		
		本体(甲)	喻词	喻体(乙)
明喻	甲像乙	出现	像、好像、好似、像……一样、犹如、如、如同、比如、似、仿佛	出现
暗喻	甲是乙	出现	是、变成、变为、成为、当作、等于	出现
借喻	乙(代)甲	不出现	无喻词	出现

表2 韩语比喻的主要类型

类别	结构	成分		
		本体(甲)	喻体(乙)	喻词
직유법 (直喻法)	甲乙像	出现	出现	마치,마치…같다,…와 같다, 흡사…이다,…것 같다,…같이, …같은,…처럼,…인 듯
은유법 (隐喻法)	甲乙是	出现	出现	은/는…이다
	甲之(的)乙	出现	出现	의
	乙(代)甲	不出现	出现	无喻词

由上表可以看出,韩语和汉语比喻的分类存在不同。汉语比喻的基本类型包括

明喻、暗喻和借喻三类，而韩语只有直喻和隐喻两类。但汉语的三类比喻在韩语里都存在，汉语的明喻对应于韩语的直喻，汉语的暗喻和借喻在韩语里则都属于隐喻。例如：

(1) 她笑得<u>像</u>阳光<u>一样</u>灿烂。

义译：그녀는 햇살 처럼 환하게 웃었다.

字译： 她 阳光 像 灿烂 笑

(2) 마음이 바다 <u>처럼</u> 넓다.

字译：心胸 海 如 开阔

义译：心胸开阔<u>如</u>大海。

(3) 上海<u>成为</u>国际资本的角逐场。

义译：상해는 국제 자본의 각축장이 <u>되었다</u>.

字译：上海 国际 资本的 角逐场 成了

(4) 시간은 금 <u>이다</u>.

字译：时间 黄金 是

义译：时间<u>就是</u>黄金。

(5) 消除他们之间积淀的思想<u>壁障</u>。

义译：그들 사이를 가로막은 사상의 <u>장벽</u>을 없애다.

字译：他们 之间 积淀 思想的 壁障 消除

(6) 큰비가 내린 뒤, 연잎 위 에 한 방울 의 <u>진주</u>가 남았다.

字译：大雨 过后, 荷叶上 在一 颗 的 珍珠 留了

义译：大雨过后，荷叶上留下了一颗晶莹的<u>珍珠</u>。

以上例句（1）、（2）是明喻（直喻），其构成方式都是本体（她、心胸）、喻体（阳光、大海）出现，喻词是"像……一样（처럼）、如（같은）"这一类。例（3）和例（4）也都出现了本体（上海、时间）和喻体（角逐场、黄金），但用的喻词跟前面两句不同，而是"成为（되다）、是（이다）"等一类词语，它们在汉语里属于暗喻，在韩语里属于隐喻的一种。例（5）用喻体"壁障"来比喻思想上的差异，例（6）用喻体"珍珠"来代替雨珠，这两个比喻都是借用喻体直接代替本体，句中只出现喻体，没有出现本体和喻词，它们在汉语里属于"借喻"，在韩语里则是"隐喻"。

至于韩语隐喻类中的"甲之（的）乙"结构，在汉语里则属于一种修饰性暗喻，

即本体和喻体用修饰和被修饰的偏正短语的形式表示。例如：

(7) 我们在人生的舞台上扮演各种各样的角色。

义译：우리들은 인생의 무대 위에서 여러가지 배역을 맡는다.

字译：我们　人生 的　舞台　上在　各种各样的角色 扮演

(8) 모든 일의 원인을 밖에서만 찾지 말고, 마음의 거울에 비추어 보라.

字译：所有事的　原因　　外在　　找 不　心 的 镜子在　　照　　　看

义译：所有事情的原因不要在外面找，而是要照照心的镜子。

在上面两个例句中，本体"人生、心"作喻体"舞台、镜子"的修饰语。

总之，汉韩比喻的基本类型虽然存在一点差异，但大体上还是相同的，"同"大于"异"。然而在语言结构方式上，两种语言的比喻却有很大的不同。从上面的两个表和例句里，我们也可以看出，汉语和韩语比喻的基本结构分别是：

汉语的比喻：本体　　＋　　喻词　　＋　喻体

韩语的比喻：원관념 ＋ 보조관념 ＋ 접속사

　　　　　　（原观念）（辅助观念）（连接词）

在汉语里，如果本体、喻体、喻词都出现，喻词一般在本体和喻体之间；而在韩语里，喻词出现在本体和喻体之后。例如前面的例句(1)、(2)，汉语的比喻词"像、如"在喻体"阳光、大海"之前，而韩语的比喻词"같이、처럼"则在喻体之后。又如：

(9) 돈을 물 쓰듯 쓴다.

字译：钱把 水花 像 是

义译：把钱像水一样花。

(10) 물은 생명의 원천이다.

字译：水 生命 的 源泉 是

义译：水是生命的源泉。

以上例句，例(9)是明喻，例(10)是暗喻。汉语的喻词"像、是"放在本体和喻体之间，而韩语的喻词"쓴다、이다"放在本体与喻体的后面。

总之，从以上的对比研究可以看出，汉语和韩语的比喻在语言结构形式上的差异主要体现在语序上：汉语的比喻句，喻词在本体和喻体之间，而韩语的比喻句，喻词在本体和喻体的后面。

除了上述几种主要的比喻类型外，汉语和韩语的比喻也有各种灵活用法，其结构形式也可能会发生变化。例如：

(11) 灿烂的阳光下盛开的百合花是您的笑容。

义译：찬란한 태양 아래 활짝 핀 백합꽃은 당신 의 미소 띤 얼굴을 닮았습니다.

字译：灿烂的阳光　下　盛开　百合花　您　的　笑容　　　　是

(12) 황금 의 꽃 같이 굳고 빛나던 옛 맹세.

字译：黄金 的 花　像　坚定　辉煌　旧盟誓

义译：像黄金的花一样坚定、辉煌的旧盟誓。

(13) 路遥知马力，日久见人心。

义译：길이 멀어야 말 의 힘을 알수있고, 세월이 흘러야 사람 의 마음을 알수있다.

字译：路　遥远　马的力　知道　年光过　人 的　心　知道

例（11）和例（12）分别是汉语和韩语的倒喻。在例（11）中，喻体"百合花"在前面，本体"您的笑容"在后面。例（12）是韩国有名的诗人韩龙云《您的沉默》中的句子，这个句子用"黄金的花"来比喻含蓄灿烂、永远不变的爱的约定，喻体"黄金的花"在本体"旧盟誓"的前面。例（13）是汉语的引喻，用"路遥知马力"来比喻"日久见人心"。引喻是先引出类似的事物做喻体，而后出现本体的一种比喻。它将喻体和本体排列成结构相似、互相映衬的平行句式，在诗歌中常用。

总之，从比喻类型来看，汉语和韩语具有很多相同点。这是因为比喻所体现的不仅是一种言语格式，其深层所反映的是一种思维结构，而人类的思维是具有共性的。从比喻的语言结构形式特点来看，汉语和韩语的比喻大都有本体、喻体和喻词等成分，但这些成分在比喻句中的空间顺序是不一样的，这是汉韩两种语言本身结构特点的差异所造成的。

3. 汉、韩语比喻的喻体特点

比喻的心理基础是联想，生活在同一个客观世界的人们，必然会对同一类客观事物或现象有类似的认知经验，产生共同的联想。因此不同的语言中存在完全相同或大体相似的比喻也就不足为奇了。

比喻又是一种文化现象，各民族的比喻包含着各民族的历史和文化背景，而且蕴藏着各民族对人生的看法及其生活方式和思维方式，富有民族特色。这主要表现在不同民族对喻体的选择上。

中韩两国人民自古就有很多密切的联系，中华文化对韩国有比较大的影响，反映在比喻上，汉韩两种语言在比喻喻体的选择上有很多相似点。但由于民族的发展历史、政治制度、社会心理、风俗习惯以及居住区域、地理环境等方面的差异，汉韩比喻在喻体的选择上也存在一些不同之处。

以下主要从两大方面来探讨汉韩比喻在喻体选择上的特点。

3.1 汉韩比喻的相同之处——喻体相同或相近，比喻意义相同

植物和人类的生活环境有着紧密的联系，因此世界各民族语言中都有许多用植物来作喻体的比喻。中韩两国的人民都喜欢用花来比喻人或人的品质、特点等。例如：

[汉][韩] 荷花——比喻人出污泥而不染的品质

[汉][韩] 梅花——比喻不畏恶劣环境、坚强不屈的性格

[汉][韩] 桃花——比喻相貌俊美的妙龄女子

[汉][韩] 牡丹——比喻雍容华贵的女子

[汉][韩] 水仙花——比喻女子纯洁素雅

[汉][韩] 野菊花——比喻女子朴实而坚强

[汉][韩] 百合花——比喻女子美丽清纯

除此之外，中韩两国人民也常用其他相同的植物作喻体来比喻某种事物或现象，例如都用"芝麻粒儿"比喻很小的字，用"樱桃"比喻嘴唇像樱桃一样可爱小巧，用"松树"比喻坚贞不屈，表示人的气概和操守。

此外，中韩两国也常用动物来比喻人或人的品质，如"牛"都可以用来比喻人勤劳、朴实，"狐狸"比喻狡猾，"虎"、"狼"表示凶恶与残忍，"绵羊"代表温顺与柔弱，"蜜蜂"比喻勤劳，"癞蛤蟆"比喻丑陋等。这些比喻意义的产生是由动物的性格、特征、行为决定的。许多动物分布广泛，遍及全世界，相同的动物自然有着相似的行为、特征和习惯，不同民族、不同语言的人们根据这些相似性，创造出了相同的动物比喻意义。请看以下例句：

(14) 그는 소 같이 일한다.

字译：他 老黄牛 像   干活儿

义译：他像老黄牛一样干活儿。

(15) 우리 선생님은 호랑이 처럼 무섭다.

字译：我们　老师　　老虎　像　可怕

义译：我们老师像老虎一样可怕。

(16) 남자는 모두 늑대와 같다.

字译：男人　都　狼　似的

义译：男人都是狼似的。

(17) 내 친구는 달팽이 처럼 느리다.

字译：我　朋友　蜗牛　像　慢

义译：我的朋友像蜗牛一样慢。

(18) 그는 양 처럼 순하다.

字译：他　绵羊　一样　温和

义译：他像绵羊一样温和。

(19) 그녀는 돼지 처럼 살이 쪘다.

字译：她　猪　像　肉肥

义译：她像猪一样肥。

以上例句，汉语和韩语都是用相同的动物作喻体表达相同的比喻意义。

除了动植物以外，汉语和韩语还常用"山、水、云"等自然界的事物或人体部位等来比喻另一事物或情况。如：

比喻能言善辩——[汉]口若悬河　[韩]口若清山流水

比喻时间过得很快——[汉][韩]时间如流水

比喻心目中最憎恨的事物——[汉]眼中钉，肉中刺　[韩]视如眼中刺

比喻针锋相对——[汉]牙对牙，眼对眼　[韩]眼对眼，牙对牙

比喻不能容忍不顺心的事情——[汉][韩]眼里放不下沙子

比喻得力的助手——[汉]左膀右臂，如左右手　[韩]似左右手般

以上都是用相同或相近的自然界的事物和现象或人体部位作喻体来表达接近的比喻意义。

3.2 汉韩比喻的不同之处

不同的民族有着不同的生产方式和思维习惯，面对同一事物，不同的民族可能会产生不同的联想。这种联想上的差异，使比喻带上了鲜明的民族特色。汉韩比喻在喻体选择上的差异主要表现在以下两个方面。

3.2.1. 喻体相同，但比喻意义不同

汉韩两种语言中有很多表示植物、动物或事物的词语字面意义一样，但其联想意义有很大差别，同样的喻体在两种语言中就会产生不同的比喻意义。例如：

蝙蝠——［汉］能带来好运气、福气。

　　　　［韩］比喻投机取巧的人。

乌龟——［汉］比喻妻子有外遇的男人。

　　　　［韩］指行动很慢的人。

鸭蛋——［汉］比喻考试不及格，成绩得到零分。

　　　　［韩］比喻身世凄凉。

小辣椒——［汉］比喻性格泼辣的人。

　　　　　［韩］虽然貌不惊人，个子矮，可是做什么事都要有耐心、有毅力。

亲如手足——［汉］兄弟之情。

成为手足——［韩］替人帮忙。

3.2.2. 喻体不同，比喻意义相同

中韩两国人民在运用比喻时，也可能会选用不同的喻体来表达相同的意义。例如：比喻女人丑，韩语用"南瓜"，汉语用"狗尾巴草"；比喻脸因害羞而变红，汉语是"苹果"，韩语多用"红萝卜"；比喻胆小，韩语说"肝小如豆"，汉语则说"胆小如鼠"；比喻愚蠢，韩语说"脑袋如鸡头、脑袋如石头"，汉语则说"脑袋如猪头、榆木脑袋"；说一个人淋雨后的样子，汉语用"如落汤鸡"，韩语说"像落水的老鼠"。再请看以下例子：

比喻行走极快——［汉］心忙似箭，两脚如飞　［韩］跑得眉毛如飞

比喻心肠狠毒——［汉］狼心狗肺　［韩］在额上刺针也没出血

比喻肚子肥大——［汉］将军肚　［韩］肚子像南山

比喻吃得很快——［汉］狼吞虎咽　［韩］像蟹隐藏眼睛一样吃得快

比喻不会游泳的人——［汉］旱鸭子　［韩］啤酒瓶

在以上例子中，汉韩比喻的意义是相同的，但两种语言选用的喻体不同。这种现象的产生也有可能是因为同一动植物或事物词语，在一种文化里有着丰富的联想意义，而在另一种文化很有可能缺乏相应的联想。也就是说，某一事物或现象在汉语里能构成比喻，在韩语里则不能；反之，某一事物或现象在韩语里能构成比喻，在汉语里却不能。例如，中国人常用"苦瓜脸"来比喻一个人愁眉苦脸的样子，

用"小燕子"比喻快乐可爱的小姑娘,用"驴肝肺"比喻特别坏的心肠,用"姜还是老的辣"比喻经验很重要,用"万里长城"比喻不可摧毁的力量,用"像下饺子似的"比喻人多。以下是韩语里特有的比喻句:

(20) 너 까마귀 고기를 먹었냐?
　　　你吃了乌鸦肉吗?
(21) 쥐꼬리 만한 월급.
　　　像老鼠尾巴一样的薪水。
(22) 뒤로 호박씨 깐다.
　　　在后面嗑南瓜子。
(23) 닭 잡아 먹고 오리발 내민다.
　　　抓吃了鸡却伸出鸭掌。
(24) 닭똥 같은 눈물을 흘렸다.
　　　流下了像鸡屎般大的眼泪。

例(20)用"乌鸦"比喻常常把事情忘记的人。例(21)用"老鼠尾巴"比喻薪水很少。例(22)比喻看起来文雅的人,却在后面做坏事,说坏话。例(23)意思是吃的明明是鸡,拿出来的却是鸭掌,拿鸭掌来掩盖自己吃掉鸡的事实,比喻一个人说谎狡辩。例(24)用"鸡屎"来形容大大的眼珠从眼里流下来了。

4. 汉、韩语比喻构成的社会文化因素

比喻是以客观世界的各种事物或现象的异同为基础的,无论中国人还是韩国人,对于客观世界的认识总有相通的地方。特别是中韩文化之间有着源远流长的交流关系,而且同属于汉字文化圈,所以在汉语和韩语中存在着相同或相似的比喻形象。但是不同民族有着不同的文化传统、内容和心理以及不同的地理位置、自然环境特色、宗教和习俗、思维方式等,这些差异都会影响到人们对比喻的运用。具体来说,造成汉韩比喻差异的社会文化因素主要有以下几个方面:

4.1. 地域特点和自然环境

自然环境是人类生存的基本条件,不同的自然环境对民族文化有着不同的影响。由于自然环境不同,不同地方的人所接触到的事物也有所不同,对于客观事物的想象也不同。

中国是以陆地为主的国家，多水多山。中国的山东有个地方叫"泰山"，山东人常见"泰山"，于是他们拿"泰山"来比喻事物的重大。韩国也有不少山，但没有泰山这么高，以前农业时代人们把自己家前面太阳升起的山叫作南山，这是人们能天天见到的，也就常常被拿来作比喻，如"肚子像南山"，指怀孕的妇女肚子最大的那个时候的样子，或用来比喻人的肚子大。而中国的"泰山"则被韩国人用来比喻多，比如"做事要像泰山一样多"比喻要做的事情太多了，"尘埃积聚变成泰山"比喻虽然小，可积聚后变得大而多。

中国东临大海，韩国三面是海。汉语中的海大多具有神秘、遥远和不可思议的比喻义。如："海底捞针、海市蜃楼、苦海无边"等。而在韩语里，大海就没有这么神秘，以与大海有关的事物作喻体来构成的比喻就有很多。如韩语的熟语中有"一条青鳞（小鱼）混浊整个江水"，汉语则是"一颗老鼠屎败坏一锅汤"。又如："望潮鱼丢鱼的面子"意思是某一个人做丢脸的行为，还影响到周围的人。"鲻鱼一跳，望潮鱼也跟着一跳"意思是不考虑分寸跟着模仿比自己好的人。

不同的地理环境，气候也不同，从而影响比喻的运用。中国西部是高山，据说"西风凛冽、东风送暖"。汉语经常用西风表示寒冷、凋零、衰败的意思。如"莫道不消魂，帘卷西风，人比黄花瘦"，而韩国是东高西低的地理构成，因此"西南风送暖、西北风送冷"。

4.2. 历史文化传统

中国历史悠久，韩国长期受到汉文化的影响，在很多方面都与中国有着很多相同相似的地方。但在漫长的历史长河中，韩国人民也创造了自己的文化，留下了丰富的文化遗产。因此两国人民在运用比喻时也受到各自的历史文化的影响。例如"万里长城"是中华民族历史上抵御外来侵略的产物，现在已成为中华民族的象征，比喻坚不可摧的力量。而韩国人则难以理解"万里长城"所蕴涵的深层的文化意义。

宗教文化是历史文化中的一部分，佛教、道教对中国和韩国都有深远的影响。跟这些宗教有关的一些词语常常被用在汉韩语的比喻之中，如："他是我们的菩萨，救了我们大家的命"。这句话里的"菩萨"是佛教中善良慈悲的形象，因此常常被用来比喻心地善良的人。韩国在宗教信仰方面深受中国的影响，但也发展了具有韩国特色的宗教信仰，在以此为喻体的比喻中，也能看到它的独特性。如："和尚不能见自己的头"，意思是多参与帮助别人的事，自己遇到困难时却不知道怎样处理。"念佛不诚意，一心想吃斋"意思是不诚心做自己该做的事情，而为了自己的欲望把心思花在别的事情上。

4.3. 审美观念和价值观念

由于民族心理上的差异，人们对客观世界万事万物的审美观和价值观也会有所不同。比如，中国人重视个人对社会的贡献，常用"炭火"来比喻对人民的爱和热，如"他像炭火一样，把满腔的爱和热献给了人民"，而韩国没有这种说法。

中韩两国人民对"蟋蟀"的看法有同有异。中国早在《诗经》中，就把蟋蟀的叫声作为农夫困顿生活的映衬，汉人普遍认为蟋蟀是"悲哀、凄凉、烦恼"的象征。而在韩国，蟋蟀被认为是聪明的昆虫，如"知道的事情像七月的蟋蟀一样多"，用来讽刺百事通，好像自己很有见识一样，比别人先说。另外，蟋蟀的叫声很特别，人们用它构成很多比喻，比如，孤独的人把蟋蟀作为朋友，"蟋蟀"还可以用来比喻独守空房的女人的情绪、离开家乡的过客的心事等等。

任何一个民族都有一整套表示人体部位和器官的词语。在中国文化中，心肝脾肺肾"各司其职"，"胆"跟人的勇气有关，所以有"胆大包天、胆小如鼠"一类的说法。"肝"则跟人的忠诚有关，如"肝胆相照"，比喻以真心相见。而在韩国文化中，用"肝"来比喻人的胆量，比如"肝小如豆，肝很小"比喻人的胆子小，而"肝很大，肝突出肚子外，肝肿了"比喻过分大胆。为什么用"肝"来比喻胆量呢？这是从韩医学的角度来说的。因为先人早已通过经验了解到肝是人的身体中最重要的部分，肝主管人的行为。如果肝小的话，不但不能完全发挥自己的功能，而且还不具备仁心和胆量，人们遇到情况时就会感到恐惧或大吃一惊，只能消极地应付罢了。

4.4. 风俗习惯

日常生活中我们常用的一些比喻都形象地反映了中国民族的风俗习惯和生活经验。比如"饺子"代表了典型的中国饮食文化，人们就会从煮饺子的情形联想到了"拥挤"。因此，比喻人多，中国人就会用"像下饺子一样"。

而韩国的代表饮食是"泡菜"，泡菜根据做法分为一百多种。人们就把天天接触的泡菜拿来用到比喻上，如"有年糕的人没想给，先喝泡菜汤"。我们吃年糕的时候为了避免噎着会先喝泡菜汤。这句话比喻提前预知事情并作好准备。韩国人喜欢辣，于是我们做菜时多使用"辣椒粉"，人们常见的"辣椒粉"常常被用在韩语的比喻之中，如用"撒辣椒粉"比喻碍事。

4.5. 两种语言的语音文字系统不同

汉韩两种语言有各自不同的语音文字系统，汉语是表意文字，韩语是表音文字，这也影响到比喻的运用。

对中国人来说，蝙蝠象征好运，因为蝙蝠中的"蝠"字与汉字"福"同音，意为福气。韩语则没有这样的联想。

在韩语里，用"放镰刀也不知'ㄱ'字"来比喻不认字、没有知识的人，因为韩语"ㄱ"的形状和镰刀相似。

5. 结论

比喻具有典型的民族特色。不同的民族文化造成汉韩两种语言的比喻在语言结构特点和喻体选择上存在同中有异、异中存同的状况，这给跨文化交际带来了影响。对于学习汉语的外国人来说，除了要掌握好汉语言本身的结构特点以外，还要了解汉民族的发展历史、社会心理、伦理道德、风俗习惯以及物质生产、地理环境等社会文化因素。具体到词汇学习方面，我们不仅要掌握词的字面意义，而且还要知道词所隐含的或附加的意义。不了解这些意义，就会在言语交际中犯错误：有时误把好言当恶语，有时误把嘲讽当称赞。

如何在跨文化交际中消除文化障碍和误解是一项任重而道远的艰巨任务。本文所研究的只是语言运用中的极小一部分。社会文化因素对语言运用的影响还有很多，这是值得今后深入研究的课题。

参考文献：

[1] 陈汝东. 对外汉语修辞学 [M]. 南宁：广西教育出版社，2000.

[2] 邓小宁. 高级汉语精读教程 [M]. 北京：北京大学出版社，2007.

[3] 金惠元. 谈谈对韩汉语教学中的修辞教学 [J]. 怎样教韩国学生学汉语 [M]. 深圳：深圳大学留学生教学部，2000.

[4] 李玄玉. 汉韩熟语中的人体词语之比喻 [J/OL]. http://www.pghome.net/lwdq/lwdq_69.html，2008-11-06.

[5] 全国外语院系《语法与修辞》编写组. 语法与修辞 [M]. 南宁：广西教育出饭社，1997.

[6] 孙宇宏. 从喻体喻义浅析英汉比喻异同 [J]. http://dlib.edu.cnki.net/kns50/，2008-11-03.

[7] 汪丽炎. 汉语修辞 [M]. 上海：上海大学出版社，1998.

[8] 杨月蓉. 实用汉语语法与修辞 [M]. 重庆：西南师范大学出版社，1999.

[9] 수사법리포트（修辞法报告）[J/OL]. http://www.happycampus.com/index.html，2008-10-20.

[10] 현대시론＜시와 비유＞（现代诗论《诗与比喻》）[J/OL]. http://www.happycampus.com/index.html，2008-10-21.

参考文献

[1] 岑玉珍. 发展汉语 高级汉语写作（下）[M]. 北京：北京语言大学出版社，2006.

[2] 黄国文、M. Ghadessy（葛达西）. How to Write a Dissertation in English[M]. 北京：高等教育出版社，2008.

[3] 李正栓. 英语专业本科毕业论文设计与写作指导 [M]. 北京：北京大学出版社，2006.

[4] 孙洁. 毕业论文写作与规范 [M]. 北京：高等教育出版社，2007.

[5] 吴秀明、李友良、张晓燕. 文科类学生毕业论文写作指导 [M]. 杭州：浙江大学出版社，2003.

[6] 周家华、黄绮冰. 毕业论文写作指南 [M]. 南京：南京大学出版社，2007.